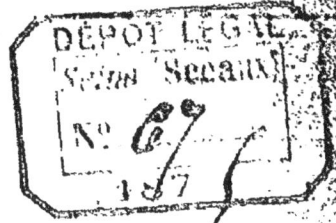

I0140661

L'ART

DE

TIRER LES CARTES

SCEAUX. — TYP. M. ET P.-E. CHARAIRE

L'ORACLE
PARFAIT

OU

LE PASSE-TEMPS DES DAMES

ART

DE TIRER LES CARTES

AVEC EXPLICATION

Claire et facile de toutes les cartes du jeu de piquet, leur interprétation
et signification d'après les plus célèbres cartomanciens,

Mlle LENORMAND, ETTEILLA, &, &.

TROIS PIQUES

L'As annonce BONHEUR, Roi et Dame : MARIAGE.

SE TROUVE

CHEZ TOUS LES LIBRAIRES DE FRANCE ET DE L'ÉTRANGER

AVANT-PROPOS

L A cartomancie est une récréation qui ne date pas d'hier, puisqu'il nous est rapporté dans les livres qui en traitent que les cartes-tarots, ou cartes hiéroglyphiques, étaient connues des Égyptiens ; et s'il est vrai, comme on le rapporte, que le livre de Thot — lequel était le *Tharot*, aujourd'hui *Tarot* — ait seul échappé à l'incendie de la bibliothèque d'Alexandrie, nous devons reconnaître que ce jeu est fort ancien.

Les peuples d'alors, livrés à toutes sortes de superstitions, interrogeaient les astres, les augures ; d'autres demandaient aux tarots de leur rendre des oracles.

Ces tarots étaient donc des cartes ; ces cartes étaient tracées sur des lames d'or ou d'argent, puis sur de petites plaques d'ivoire ou de bois ; on en a fait sur des feuilles de parchemin et enfin sur papier.

Quand nous disons que cette récréation ne date pas d'hier, nous n'oublions pas que les anciens y avaient foi ; mais leur superstition en était la seule cause.

Les peuples modernes sont bien tombés dans les mêmes erreurs ; les Bohémiens les ont propagées dans tous les pays de l'Europe, et nous ne serions pas éloignés de croire, d'après certaines petites tablettes chinoises (que nous avons eues sous les yeux), ayant sur un côté des signes cabalistiques, que les Chinois ont conservé la tradition des cartes sibylliques.

Nous devons, d'après la tradition, laisser aux Bohémiens l'introduction des cartés en Europe; plus tard, un artiste comme il s'en trouvait à cette époque, notamment en France, ayant eu sous la main ce fameux jeu de cartes, eut l'idée d'en faire un objet de divertissement pour Sa Majesté le roi Charles VI : c'est de ce jeu, qui est regardé comme le plus ancien des jeux connus chez nous, qu'est venu le jeu de piquet.

Ce n'est qu'au dix-huitième siècle que la cartomancie prit chez nous une grande faveur. Etteilla fut le plus renommé des cartomanciens [1], et plus tard mademoiselle Lenormand acquit une grande célébrité. Son nom est connu du monde entier. Etteilla paraît avoir eu plus de penchant pour les tarots, tandis qu'à l'époque de mademoiselle Lenormand on donnait une plus grande préférence au jeu de piquet.

Aujourd'hui, il y a peut-être encore quelques personnes qui ont confiance dans la cartomancie; leur nombre est fort restreint, mais aussi beaucoup en font une sorte de divertissement. C'est à ces dernières que s'adresse cet opuscule. L'auteur espère donc qu'on lui tiendra compte du soin qu'il a mis à ne compiler que des oracles divertissants.

---

1. Voir *le Grand Etteilla ou l'Art de tirer les cartes*, par JULIA ORSINI. 1 volume in-12, nombreuses figures représentant les 78 tarots. Prix : 5 fr., et 7 fr. 50 avec les figures de tarots coloriées.

ART
DE TIRER LES CARTES

D'APRS LA MÉTHODE

DE Mlle LENORMAND

CHAPITRE PREMIER

SIGNIFICATION DES CARTES

Vous prenez un jeu composé de trente-six cartes, qui sont : l'as, le roi, la dame, le valet, le dix, le neuf, le huit, le sept et le deux de cœur, de carreau, de pique et de trèfle. La personne qui tire les cartes, soit qu'elle le fasse pour elle-même ou pour une autre personne, mêle les trente-six cartes l'espace d'une minute, les coupe de la main gauche comme pour jouer, les réunit ensuite dans la même main et les pose sur la table une à une, par rang de neuf, en allant de gauche à droite. Sur la table où l'on étale les cartes, on doit avoir placé préalablement un tableau divisé en trente-six cases numérotées et en tous points semblable au tableau ci-contre. Dans

1 Projet.	2 Satisfaction.	3 Réussite.	4 Espérance.	5 Hasard.	6 Désir.	7 Injustice.	8 Ingratitude.	9 Association.
10 Perte.	11 Peine.	12 État.	13 Joie.	14 Amour.	15 Prospérité.	16 Mariage.	17 Affliction.	18 Jouissance.
19 Héritage.	20 Trahison.	21 Rival.	22 Présent.	23 Amant.	24 Élévation.	25 Bienfait.	26 Entreprise.	27 Changement.
28 Fin.	29 Récompense.	30 Disgrâce.	31 Bonheur.	32 Fortune.	33 Indifférence.	34 Faveur.	35 Ambition.	36 Indisposition.

chacune des cases, qui dôit être assez grande pour recevoir une carte, on écrit le nom de chaque nombre : ainsi le nombre 1 se nomme projet, 2 satisfaction, 3 réussite, etc.

La personne qui se tire ou se fait tirer les cartes en désigne une (un deux généralement) à qui elle donne le nom de la personne ou de la chose sur laquelle elle veut avoir des renseignements ; elle peut se nommer elle-même si c'est pour son avenir qu'elle consulte l'oracle. Ceci fait et les cartes étant battues comme nous avons dit plus haut, coupées et réunies dans la main gauche, l'on prendra de la droite la première carte du jeu et on la posera sur la table au nombre premier où se trouve écrit le mot projet ; vous mettrez la seconde dans la deuxième case où est écrit satisfaction, la troisième dans celle nommée réussite, et vous agirez de même jusqu'à la trente-sixième.

Les trente-six cartes placées sur la table, vous examinerez la place occupée par celle que vous avez désignée, et vous considérerez avec soin les cartes d'accompagnement, c'est-à-dire celles qui touchent à la carte qui représente la personne ou la chose pour laquelle vous faites le jeu. Les cartes d'accompagnement sont celles qui touchent à droite, à gauche, en haut et en bas à la carte désignée.

Le premier tirage, lorsque son sens est assez clair pour formuler un oracle, vous prédit l'avenir dans un temps assez rapproché ; un second tirage pourra vous donner des renseignements sur une période plus éloignée de vous ; vous opérerez dans l'un comme dans l'autre d'une façon identique.

Prenons un exemple : vous avez désigné le deux de trèfle et l avez nommé ma maîtresse ; faisant l'examen, vous le trouvez placé au nombre 20 où est écrit le mot trahison, et, pour cartes d'accompagnement, au nombre 11 l'as de cœur, au nombre 19 l'as de pique, au nombre 21 le roi de carreau et au nombre 29 le dix de trèfle. On peut ainsi formuler l'oracle : **Ma maîtresse me trahira dans ma maison avec un étranger, pour de l'argent.** Pour vérifier, vous devez vous reporter aux significations particulières de chaque carte, données plus loin et dont vous devrez faire une étude attentive avant de tirer les cartes. Ainsi vous trouverez que l'as de cœur signifie ma maison, l'as de pique, trahison, le roi de carreau, étranger et rival, le dix de trèfle, argent, et le deux de trèfle que vous avez nommé ma maîtresse étant tombé au nombre 20 nommé trahison, cet oracle ne devra laisser aucun doute dans votre esprit.

Nous allons donner ci-après la signification particulière de chaque carte ; nous parlerons ensuite des nombres qui forment la base de cette méthode et du sens particulier que peuvent avoir trois cartes qui se touchent ; ces éléments réunis vous faciliteront les moyens de formuler des oracles.

DES CŒURS

LE ROI DE CŒUR

Le roi de cœur signifie homme marié ou veuf; il représente aussi un ami de tout cœur dont le dévouement et la bienfaisance sont acquis à la personne dont on tire l'horoscope. Si l'on tire les cartes pour une jeune fille, femme mariée ou veuve et qu'il se trouve placé aux nombres 14, 22, 23, 24, 32, il signifie amant; si c'est au contraire pour un homme célibataire, marié ou veuf et qu'il se trouve aux nombres 14, 22, 23, 24, 32, il signifie rival.

Bien placée, cette carte est d'un augure favorable; c'est l'annonce des plus grands succès dans toutes les entreprises possibles : succès guerriers si le consultant appartient à l'armée; grande fortune si c'est un commerçant; courage invincible si c'est un conscrit. Pour une dame ou une jeune personne, elle lui prédit de grands succès dans un bal ou autre réunion.

En général, les cartomanciens ont, de tout temps, donné au roi de cœur une heureuse interprétation, et lorsqu'il vient accompagné de cartes défavorables, il en diminue ou en atténue complétement le sens défavorable.

La dame de cœur signifie et représente femme ou veuve, une amie affectionnée qui se fait gloire de faire du bien à la personne pour qui l'on tire l'horoscope. Si on tire pour un célibataire, homme marié ou veuf, et qu'elle soit placée aux nombres 14, 22, 23, 24, 32, elle annonce amante. Si on tire pour fille, femme ou veuve et qu'elle soit aux nombres ci-dessus, elle signifie rivale.

Placée parmi des cartes d'un augure favorable,

la reine de cœur représente une femme vertueuse, bonne, instruite, spirituelle, remplie de mérite.

Si vous opérez pour un jeune homme, elle est l'annonce que la femme qu'il épousera sera riche de toutes les bonnes qualités ; pour une jeune fille, que son fiancé est digne en tous points de son amour.

Si l'on opérait pour une personne d'un certain âge, cette carte lui prédirait de grandes satisfactions et une vieillesse des plus heureuses.

Tirée pour une personne de la campagne, elle lui annoncera de riches moissons et une récolte abondante.

Le plus généralement la reine de cœur est d'un heureux présage ; elle annonce une issue favorable aux choses que vous avez entreprises ou que vous devez faire. Avez-vous résolu une partie de campagne, vous vous y amuserez beaucoup ; devez-vous faire un voyage, il sera pour vous des plus agréables.

Le valet de cœur représente un garçon de bon cœur, un ami sincère et bienfaisant. Si on tire pour une jeune fille et qu'il soit aux nombres 14, 22, 23, 24, 32, il représente le prétendant de la personne pour qui on fait les cartes. Placé aux mêmes nombres, et le consultant étant un jeune homme, il lui annonce qu'il aura quelques difficultés à surmonter au sujet de son mariage, mais que du tact et de la patience l'aideront à triompher de tous les obstacles.

Le dix de cœur représente l'horoscope de la personne pour qui l'on tire, lorsqu'il se trouve placé aux nombres 12, 14, 16, 18, 19, 31, 32, 36. Au nombre 12 il signifie bonheur, au nombre 14, heureux amour, au 16, mariage et postérité florissante qui en viendra si un valet ou un sept est une des cartes placées aux nombres 7, 15, 17, 25.

Au nombre 18, c'est un présage de plaisirs agréables; au 19, d'héritage; au 32, de fortune.

Le neuf de cœur représente victoire, et quand il est touché à droite, à gauche, en haut, en bas ou diagonalement par un sept de trèfle, il signifie accomplissement d'une chose promise.

Si vous avez quelque procès, cette carte vous annonce qu'il sera terminé prochainement; si vous avez seulement des contrariétés, des ennuis, elle vous prédit un éclaircissement en votre faveur : vos projets se réaliseront.

2

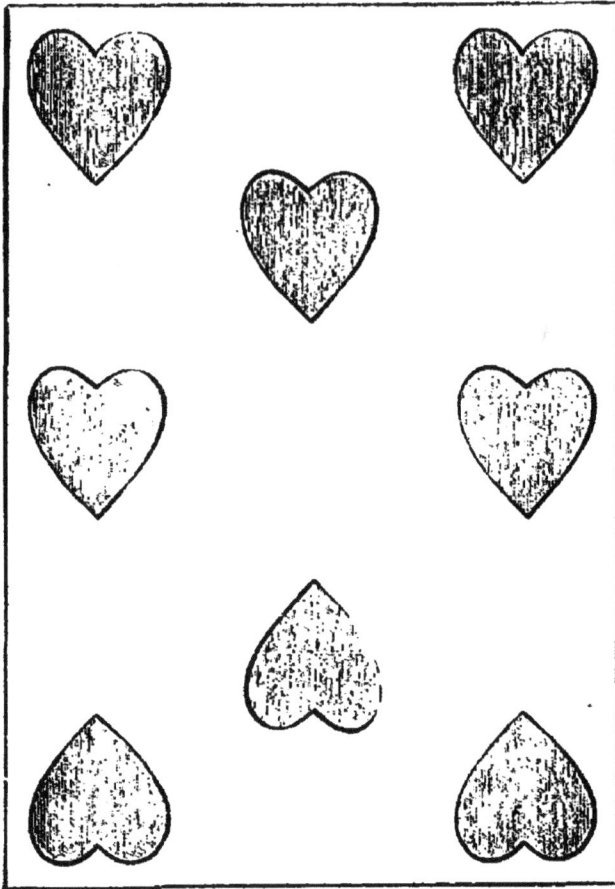

Le huit de cœur annonce joie et réjouissance, s'il est aux nombres 5, 9, 15, 18, 19, 22, 31. S'il se trouve aux nombres 3, 16, 20, 24, 25, 27, 28, 29, 32, il signifie que la personne se réjouira avec des amis qu. seront élevés aux plus hautes dignités. Vous ou quelqu'un des vôtres arrivera aux honneurs, à la fortune, aux premières charges. A une jeune fille, le huit de cœur prédit qu'elle sera remarquée; pour un soldat. c'est un présage d'avancement.

Le sept de cœur représente une jeune fille amie
de tout cœur, qui rendra de grands services à la personne pour qui l'on tire les cartes ; si c'est pour un
jeune homme et qu'il soit aux nombres 14, 22, 23,
24, 32, il lui annonce son prochain mariage avec la
jeune fille dont il a dernièrement fait la demande.

Accompagné de cartes favorables, le sept de cœur
peut vous avertir qu'une parente bienfaisante qui vous
est toute dévouée s'occupera de votre bonheur.

LE DEUX DE CŒUR

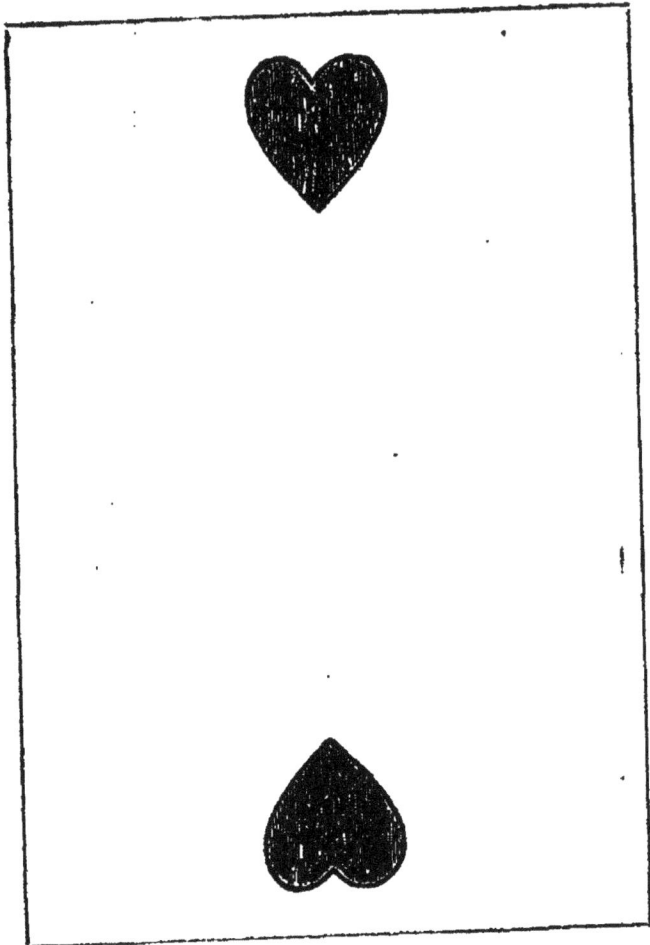

Le deux de cœur représente la personne pour qui l'on tire, et les quatre cartes qui lui serviront d'accompagnement dans tous les tirages doivent être consultées pour apprendre les événements du bien ou du mal à venir à la personne dont on veut établir l'horoscope. Ainsi le consultant représenté par le deux de cœur peut, dans un tirage, occuper une place fort désavantageuse, et son sens peut être modifié par les quatre cartes d'accompagnement.

L'as de cœur représente la maison de la personne pour qui l'on tire. En conséquence, ledit as dans un des tirages placé au nombre 15, qui est nommé prospérité, annoncera à la personne pour qui l'on tire que sa maison sera heureuse, si cet événement est marqué dans le premier tirage, qui se nomme l'avenir prêt à éclore, dans le terme de deux ans au plus tard; dans le second tirage, qui se nomme l'avenir, dans le terme de dix années; dans le troisième tirage, qui se nomme

et qui représente l'avenir éloigné, depuis les dix années accomplies jusqu'à la mort de la personne pour
qui l'on tire. En cette occasion, l'on doit examiner
si l'as de cœur se trouve placé au nombre 15. Les
quatre cartes posées aux nombres 6, 14, 16, 24
rendront raison à la personne, par leurs significations
d'union et particulières, comment cet événement
pourra arriver; de plus, la treizième, qui se nomme
changement, et les quatre cartes qui l'entourent placées aux nombres 18, 26, 28, 30 qui, après l'examen
fini, renvoient au nombre 3 qui se nomme réussite
et les trois cartes qui l'environnent, qui sont les
nombres 2, 4, 12, toutes ces cartes consultées et examinées, comme je l'ai ci-dessus expliqué, instruiront
amplement de cet avenir heureux. Ceci bien considéré et réfléchi, l'on examine la place qu'occupe l'as
de cœur au premier, second et troisième tirage, et
l'on suit la même règle de consultation et d'examen
dont je viens de présenter un exemple.

DES TRÈFLES

LE ROI DE TRÈFLE

Le roi de trèfle représente un homme marié ou veuf, ami fidèle, obligeant, prudent et porté à faire tout le bien possible à la personne pour qui l'on tire les cartes. S'il est placé aux nombres 14, 22, 23, 24, 32 et qu'il soit tiré pour une jeune fille, il lui prédit qu'elle sera bientôt unie au jeune homme sur qui elle a jeté ses vues.

Si c'est au contraire pour un célibataire et qu'il se trouve aux nombres ci-dessus, il signifie rival, mais rival honnête et surtout incapable d'employer des moyens peu loyaux pour obtenir l'objet aimé.

Il annonce tuteur ou exécuteur testamentaire quand il est placé aux nombres 10, 18, 19, 20, 27, 28, 29. Les cartes d'accompagnement apprendront le caractère qu'il a et la conduite qu'il tiendra dans les rapports que le consultant aura avec lui soit comme tuteur, soit comme exécuteur testamentaire.

En général et lorsque les cartes d'accompagnement ne précisent pas le sens de cette carte, il est d'un augure très-favorable; il prédit fortune à celui qui n'en a pas, augmentation à celui qui en a peu : en un mot, c'est un présage d'élévation, de dignités, d'honneurs et de prospérité.

Souvent il détruit le sens fâcheux des cartes qui l'accompagnent, toujours il l'atténue. Les anciens tireurs de cartes ont toujours regardé le roi de trèfle comme d'un fort bon augure, parce qu'il annonçait à celui pour qui l'on opérait les plus brillants résultats.

Pour un militaire, il indique un grand courage et un rare bonheur dans les combats; pour une jeune personne, cette carte lui prédit un mari rempli des plus belles qualités,

La dame de trèfle, signifie femme mariée ou veuve, amie fidèle et dévouée, d'une haute naissance, respectée des honnêtes gens, obligeante et discrète. Si l'on tire les cartes pour un célibataire ou même un homme marié et qu'elle se trouve aux nombres 14, 22, 23, 24, 32, elle annonce amante.

Placée aux nombres ci-dessus et tirée pour une femme, elle signifie rivale.

A l'exception du cas particulier cité plus haut, la

reine de trèfle représente toujours une dame de distinction qui porte un grand intérêt au consultant ou à la consultante : vous aurez sous peu de ses nouvelles et ce sera pour vous l'annonce d'un grand événement qui aura trait à votre bonheur, sans doute un brillant mariage,

Si la personne pour qui on consulte est une femme mariée, cette carte lui prédit de nombreux succès dans le monde : elle sera beaucoup remarquée dans un bal ou une réunion.

À un jeune homme, elle annonce généralement que son mariage se fera bientôt ; à un commerçant, que l'entreprise qui absorbe toute sa pensée est sur le point d'avoir le plus brillant résultat, grâce au bon vouloir d'une personne qui pouvait tout compromettre.

C'est presque toujours un avis de haute protection ; elle vous prédit des surprises agréables et utiles, et peut modifier d'une façon tout à fait avantageuse le sens de la carte qu'elle accompagne ou à laquelle elle touche par un de ses côtés.

Le valet de trèfle signifie garçon fidèle, vertueux, animé des meilleurs sentiments pour le consultant ou la consultante, discret, bienfaisant, ennemi de la calomnie; en un mot, c'est un ami dévoué. Placé aux nombres 14, 22, 23, 24, 32, il représente le prétendant de celle pour qui on tire les cartes; aux mêmes nombres pour un jeune homme, il signifie rival.

En général, cette carte est de bon augure; elle indique réussite dans les entreprises du consultant.

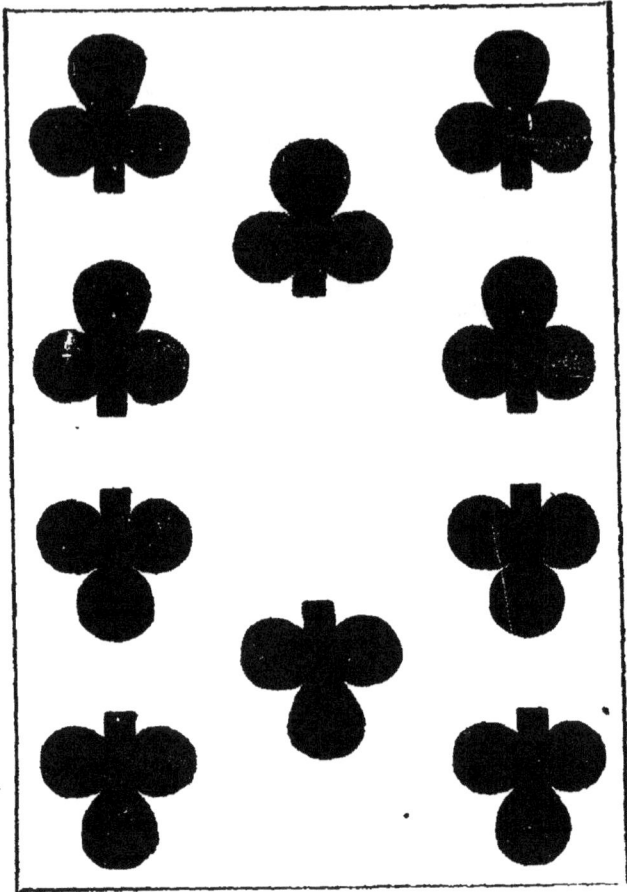

Le dix de trèfle annonce que la personne recevra beaucoup d'argent, si dans les tirages il est placé aux nombres 3, 5, 15, 18, 19, 22, 25, 28, 31, 32. Il vous prévient qu'une personne que vous n'attendez pas, viendra vous apporter de l'argent que vous aviez cru perdu; qu'une spéculation avantageuse vous permettra l'acquisition d'une fantaisie que vous désirez depuis longtemps. Aux nombres 5, 10, 17, 36, on vous fera un emprunt d'argent que vous n'oserez refuser.

Le neuf de trèfle signifie présent pour la personne; il sera d'argent s'il est suivi d'une carte trèfle; de bijoux ou d'autres objets de parure s'il est suivi d'une carte cœur. Suivi d'un carreau, il n'aura pas grande importance. Suivi d'un pique, il ne vous sera pas agréable. Par carte suivie d'une autre, j'entends que, si le neuf de trèfle est placé par exemple au nombre 25, la carte qui le suit doit être au nombre 24; ainsi des autres positions.

Le huit de trèfle signifie argent gagné par le consultant, soit par ses talents, soit dans le commerce ;
tel est l'horoscope de la personne pour qui l'on tire.

C'est un présage de fortune pour celui qui n'en a
pas ; d'augmentation pour celui qui en a peu. Au
commerçant, cette carte annonce que ses affaires
prospéreront et qu'il en tirera de grands bénéfices ;
au militaire, qu'un avancement rapide sera la récompense de ses travaux et de sa bravoure.

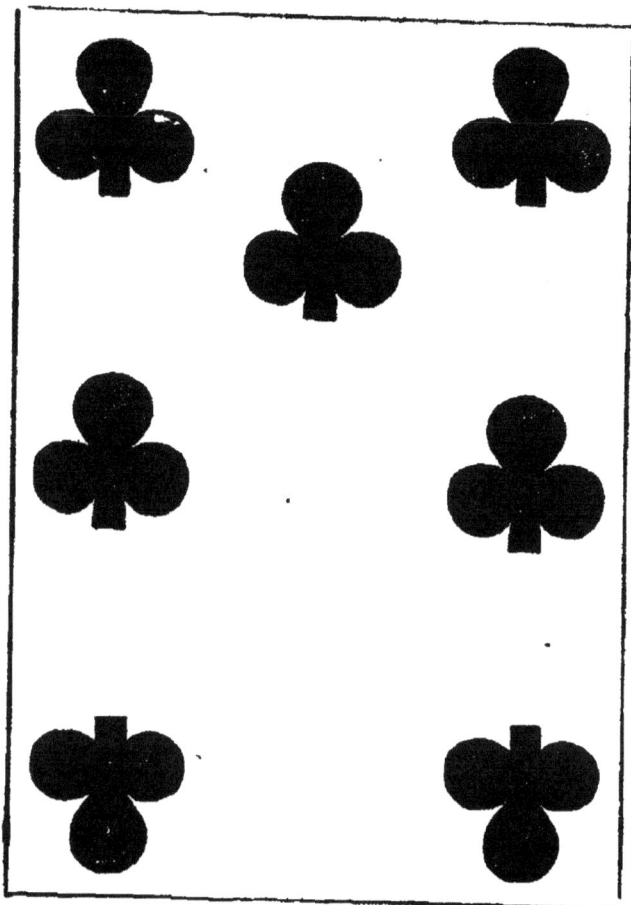

Le sept de trèfle représente une jeune fille entreprenante au péril de sa vie pour obliger la personne pour qui l'on tire. La place où se trouvera ce sept développera la nature des services qu'elle rendra. Si l'on tire pour un célibataire et qu'il soit aux nombres 14, 22, 23, 24, 32, il signifie amante; si c'est pour une jeune fille ou une veuve, il signifie rivale bienfaisante. Touché par un neuf de cœur, le sept de trèfle annonce réussite.

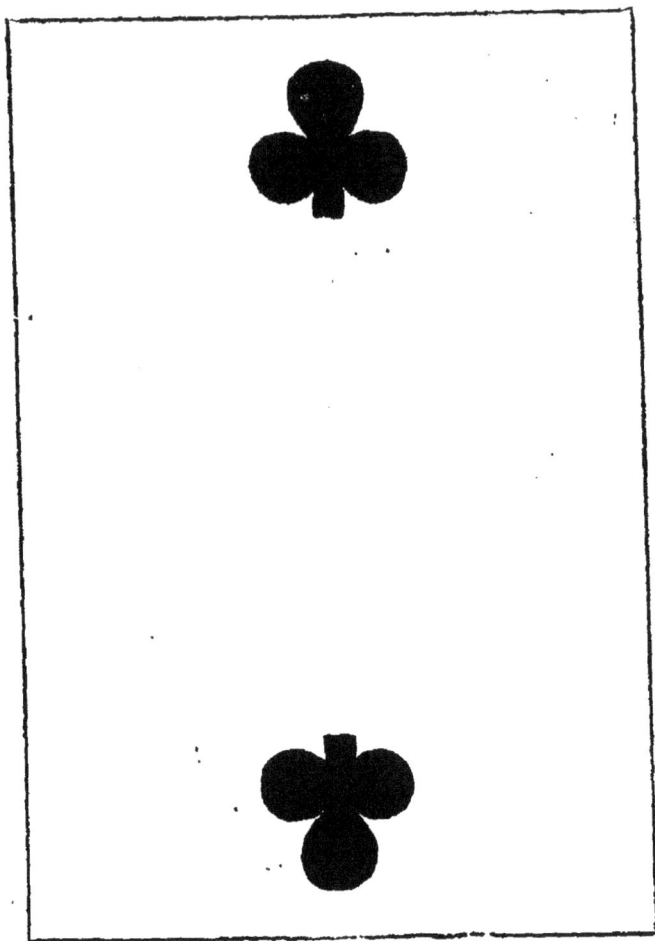

Le deux de trèfle représente le mentor confident ou confidente de la personne pour qui l'on tire les cartes. Pour connaître les bons ou mauvais services qu'il rendra, il faudra s'arrêter à l'examen de la place et au nombre où il se trouve placé et consulter les cartes de son encadrement pour en apprendre les événements du bien et du mal que doit éprouver la personne pour qui l'on tire les cartes et dont on veut établir l'horoscope.

L'as de trèfle signifie bonne conduite et heureuses espérances.

C'est un signe incontestable de succès et de célébrité ; il annonce au consultant que la chance le suivra dans beaucoup d'occasions. Proche du roi de cœur ou de trèfle, il prédit des protections considérables pour la personne qu. consulte. Si le consultant est une dame ou une jeune personne, l'as de trèfle ui prédit des cadeaux très-gracieux ; elle recevra

3

des bouquets où se trouveront réunies les fleurs les plus rares.

Pour un homme, il lui annonce qu'il obtiendra ce qu'il sollicite et qu'il sera appuyé par quelque personnage en faveur.

Au cultivateur, il indique d'abondantes moissons ; au voyageur, qu'il a tout à espérer de ses lointaines pérégrinations

L'interprétation de cette carte s'applique tout particulièrement aux actrices ; elle annonce à la consultante qu'elle aura le plus brillant succès dans une pièce où elle doit bientôt remplir un rôle important : une pluie de fleurs viendra à chaque représentation lui exprimer l'impression que ses talents causent à ses admirateurs.

Cette carte peut aussi vous indiquer des succès de théâtre, mais d'un genre tout différent : un parent ou un de vos plus intimes amis prépare une pièce de comédie qui aura un succès fou, et cette œuvre le placera au premier rang des auteurs dramatiques.

Si le consultant était un militaire, ce serait l'annonce d'un brillant fait d'armes qui le mettrait en avant et lui donnerait tout à espérer de son avenir.

DES CARREAUX

LE ROI DE CARREAU

Le roi de carreau représente un homme marié ou veuf, un étranger insolent, d'un caractère hautain, avec qui les rapports d'affaires sont difficiles, volage en amour, rampant et flatteur auprès de ceux qui peuvent lui être utiles ou lui faire du bien. Il signifie prétendant quand on tire pour une jeune fille ou une veuve, et qu'il se trouve placé aux nombres 22, 23, 24, 38. Ce sont les nombres d'oracles qui annoncent prétendant et amant. Pour avoir des renseignements plus précis sur sa personne, sa position, son caractère, ses habitudes et sa manière de vivre habituelle, il faudra consulter les cartes dont il sera accompagné ; dans cet examen, qui devra être fait avec beaucoup d'attention, si l'on veut être bien renseigné, il ne suffira pas seulement de consulter les cartes qui suivent et précèdent le roi de carreau, mais il faudra aussi porter la plus grande attention à celles qui le touchent, soit en bas, soit en haut, soit diagonalement. S'il est suivi d'une carte cœur, il faudra le considérer comme un amant respectueux, animé des plus honnêtes sentiments et d'un caractère doux et serviable.

Suivi d'une carte trèfle, il est aussi d'un fort bon augure : il sera fidèle, honnête et obligeant.

Si c'est une carte carreau, il signifiera amant jaloux, intéressé et fort égoïste ; si c'est une carte pique, il annoncera amant trompeur et avare ; on devra voir dans ces deux derniers cas si une des cartes d'accompagnement ne peut atténuer ou annuler ce que ces présages auraient de fâcheux.

Si la personne pour qui l'on tire les cartes est âgée, il faudra substituer au sens d'amant celui d'ami dévoué ; si c'était pour un jeune homme, et que le roi de carreau fût placé aux nombres 14, 22, 23, 24, 32, il aurait le sens de rival.

La dame de carreau signifie femme étrangère,
d'un naturel jaloux, intéressé, acariâtre, d'une nature flatteuse, basse avec ceux dont elle espère tirer
quelque bien, et hautaine avec les personnes qui lui
sont inférieures par la fortune ou la position. Dans
beaucoup de cas, elle veut dire intrigante.

Mais si l'on tire les cartes pour un jeune homme,
et qu'elle se trouve aux nombres 14, 22, 23, 24, 32,
elle signifie prétendue. Pour connaître son caractère,

ses habitudes, sa manière de vivre et ses goûts, il faudra consulter, comme pour le roi de carreau, toutes les cartes d'accompagnement, aussi bien celles placées avant et après que celles d'en haut et d'en bas, etc.

Si la dame de carreau était suivie d'une carte cœur, elle vous annoncerait que la jeune fille que vous devez bientôt épouser est modeste, bien élevée, d'un excellent caractère et digne, sous tous les rapports, de votre amour. Précédant un trèfle, cette carte est aussi d'un fort bon augure et, à peu de différence près, a la même signification que ci-dessus.

Si tout au contraire la dame de carreau était suivie d'une autre carte carreau, le sens en serait bien différent : le caractère de la jeune personne serait revêche, égoïste et intéressé; son humeur acariâtre devrait vous faire éprouver des contrariétés nombreuses, mais de peu d'importance. En tout cas, c'est un avertissement pour bien étudier la manière d'être et de penser de celle que vous devez épouser, parce que vous pourriez bien faire mauvais ménage.

Si la carte d'accompagnement est un pique, elle annoncera un caractère faux et trompeur. Si l'on tire les cartes pour une jeune fille ou veuve, et que la reine de carreau se trouve aux nombres 14, 22, 24, 32, elle signifie rivale. Pour juger de son caractère et de sa manière d'agir, consulter les cartes d'accompagnement.

Le valet de carreau représente un garçon étranger, d'un caractère turbulent, d'une grande ambition, intéressé, flatteur et rampant.

Si on tire pour une jeune fille, il signifie prétendant étranger. S'il est accompagné d'une carte cœur, il annoncera amant vertueux. Si c'est une carte trèfle, amant sincère, aimable, poli et bienfaisant. Au contraire, si c'est une carte carreau, il dénotera amant jaloux.

Le dix de carreau signifie voyages par terre et sur mer; s'ils sont de longue durée, il sera placé entre deux cartes pique de front; s'ils sont de courte durée et de contentement, il se trouvera placé entre deux cartes cœur de front. S'il est entrepris pour le bien et l'accroissement de la fortune, il sera entre deux cartes trèfle de front : elles signifieront voyage infructueux.

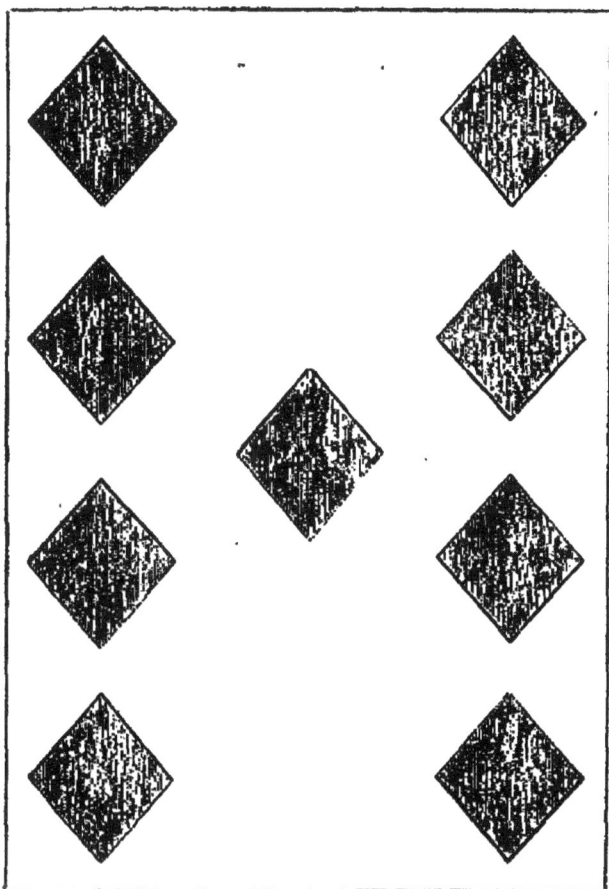

Le neuf de carreau signifie nouvelles dont on connaîtra la nature dans les annonces suivantes.

Les nouvelles seront bonnes si ledit neuf de carreau est suivi et touché d'une carte cœur.

Elles seront avantageuses si ledit neuf est touché d'une carte trèfle. Elles seront mauvaises si le neuf est suivi d'une carte carreau ou pique.

Voyez les autres positions où peut se trouver une carte d'un augure plus favorable.

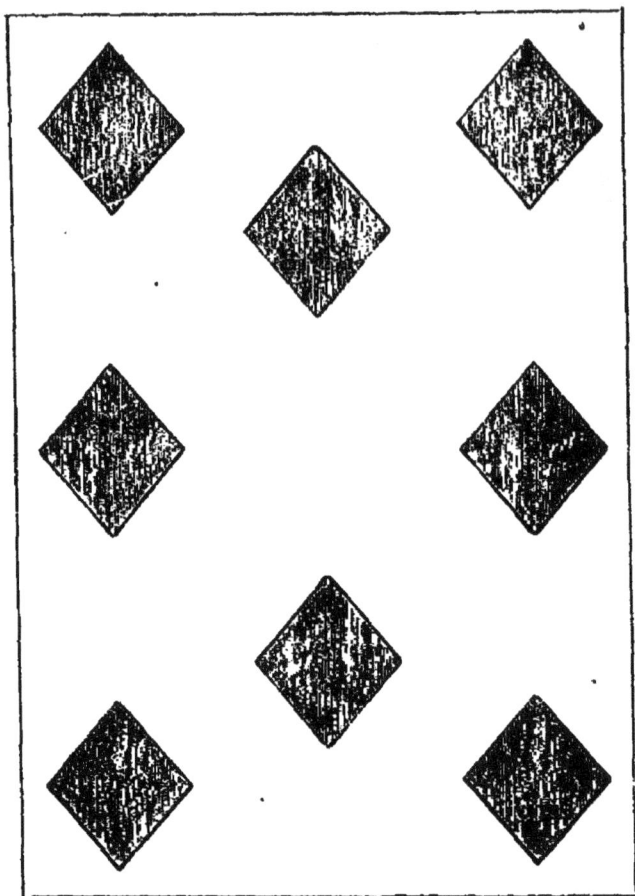

Le huit de carreau annonce voyage que doit faire par terre ou par mer la personne pour qui l'on tire. Pour en connaître les motifs, il n'y a qu'à lire ce qui suit :

1. Ce voyage sera entrepris pour cause d'amusement, s'il est placé entre deux cartes cœur de front.

2. Ledit voyage se fera par intérêt, et il aura les succès les plus heureux, si ledit huit se trouve entre deux cartes de trèfle de front.

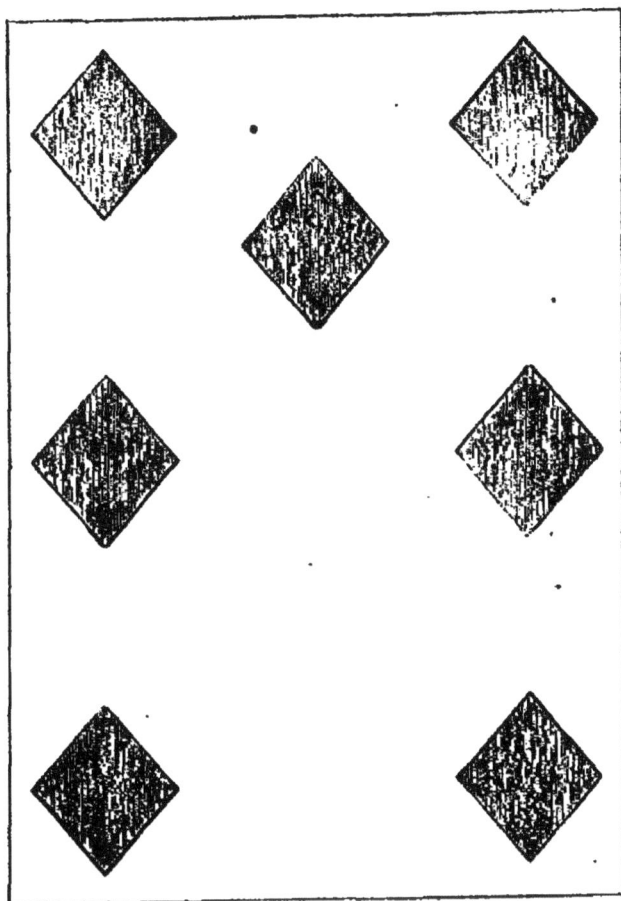

Le sept de carreau signifie fille étrangère.

Le sept de carreau annonce et dénote peine en amour, en élévation et en jouissance, lorsqu'il n'est considéré que comme sept de carreau; mais au contraire, s'il est placé aux nombres 3, 2, 14, 15, 16, 18, 24, 27, 32, il annonce fortune, changement d'état, prospérité et réussite en entreprises; il signifie amante, quand on tire pour garçon ou homme et qu'il se trouve aux nombres 14, 22, 23, 24, 32.

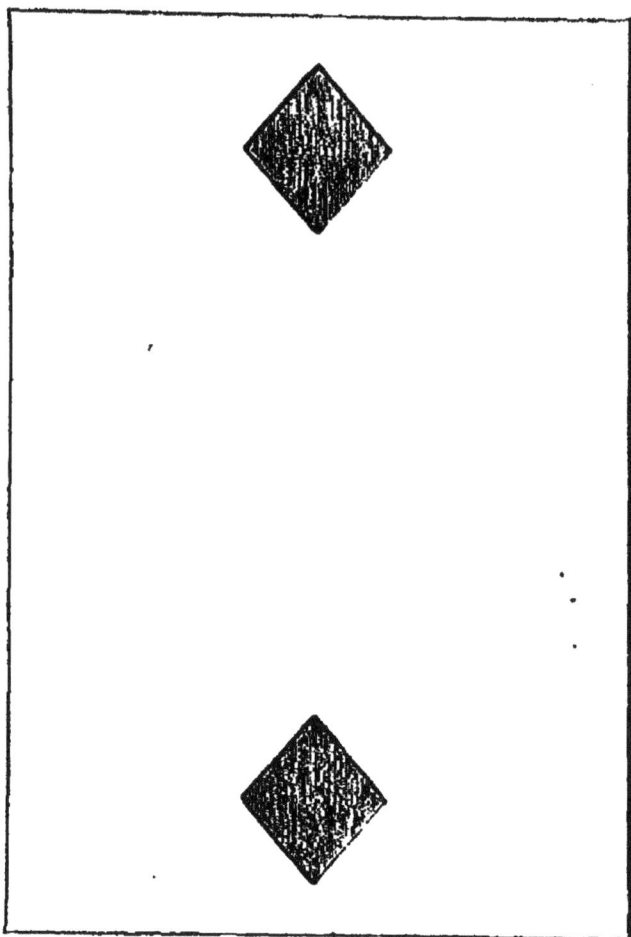

Le deux de carreau représente le confident des personnes qui se font tirer les cartes. Le deux de carreau servira aux hommes veufs et femmes veuves, aux garçons et aux jeunes filles, à recevoir les noms qu'ils jugeront à propos de lui donner dans leurs tirages pour leur représenter amantes ou amants, amis ou parents, de qui ils voudront connaître sentiments à leur égard.

On examinera la place qu'il occupe.

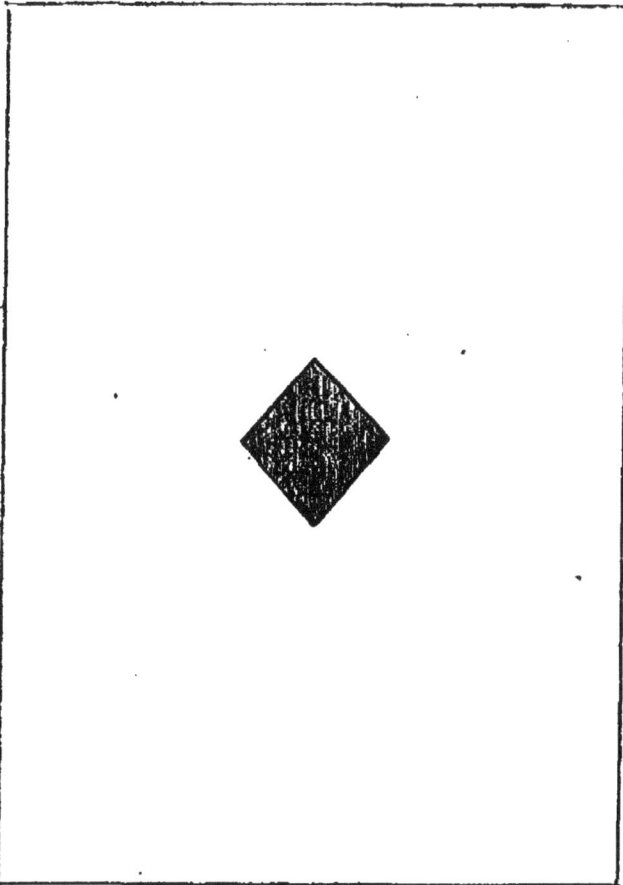

L'as de carreau signifie lettre, billet de banque ou contrat, selon le nombre et la place où il est dans les trois tirages; pour sa signification seule de lettre, il faudra observer de quelle carte ledit as sera suivi et la place qu'il occupe.

1. Si ledit as est suivi d'une carte cœur, il annoncera lettre d'amour ou d'amitié.

2. S'il est accompagné d'une carte trèfle, il signifiera lettre d'affaire essentielle et réception d'argent.

3. S'il est suivi d'une carte carreau, il dénotera lettre de jalousie, intéressée ou mortifiante.

4. S'il est touché d'une carte pique, il signifiera lettre à payer. L'on fera à chaque tirage l'examen de l'as de carreau. Considéré comme lettre, l'as de carreau posé aux nombres 1, 2, 3, 9, 15, 19, 24, 26, 27, 35, ou aux cartes d'accompagnement, sera considéré relativement à ces nombres comme lettre d'affaires, heureuses ou malheureuses, selon la carte qui suivra.

L'as de carreau quelquefois vous prévient que vous avez choisi pour messager une personne fort peu discrète, et que la dernière lettre dont vous l'aviez chargée n'est pas arrivée directement à sa destination. En conséquence, devrez-vous vous prémunir contre tout fâcheux contre-temps qui pourrait être la conséquence d'une indiscrétion. Du tact et de la prudence vous feront facilement triompher des désagréments qu'aurait pu vous susciter un confident choisi à la légère.

DES PIQUES

LE ROI DE PIQUE

Le roi de pique signifie faux ami, mauvais parent, mari brutal et avare.

Si l'on tire les cartes pour une jeune fille ou une veuve et qu'il soit placé aux nombres 14, 22, 23, 31, 32, il signifie amant ; placé aux mêmes nombres et tiré pour un célibataire, il a le sens de rival. Il représente tuteur ou exécuteur testamentaire quand il est placé aux nombres 10, 18, 19, 20, 27, 28, 29, les cartes d'accompagnement feront connaître la conduite qu'il tiendra comme tuteur ou comme exécuteur.

Cette carte laisse généralement voir un homme envieux et jaloux qui cherche à nuire ; il n'est pas dit pour cela que l'on ne puisse pas déjouer ses mauvais desseins. A un homme marié, il présage quelques brouilles de ménage de courte durée ; à une femme, il l'avertit de se méfier des discours fallacieux d'un homme aux brillantes apparences, mais sans valeur, qu'elle rencontre assez souvent.

Il peut aussi être le présage de perte d'argent, de procès, de voyage entrepris à contre-temps et infructueux ; mais dans tous les cas son sens peut être modifié par les cartes d'accompagnement, qui, sans pouvoir en changer complétement le sens défavorable, peuvent du moins l'atténuer de façon à réduire à néant des pertes ou des malheurs que seul il annoncerait d'une façon presque irrévocable. C'est toujours un signe de contrariétés et de tribulations, souvent de peu d'importance, quelquefois plus grandes.

La dame de pique est une femme médisante, une fausse amie, une parente jalouse; orgueilleuse et hautaine avec ses inférieurs, elle se montrera basse et flatteuse avec ceux qu'elle craindra et dont elle espérera tirer quelque profit pour elle-même. D'une susceptibilité sans exemple, elle ne pardonnera pas à ceux qui l'auront offensée, et leur conservera une haine mortelle, cherchera tous les moyens de leur nuire; mais seule, délaissée de tout le monde, elle se

4

trouvera impuissante à faire le mal, et toutes les mé-
chancetés qu'elle cherchera à propager ne seront
accueillies que par le mépris de ceux qui les enten-
dront.

Quand on fait le jeu pour un célibataire, et qu'elle
se trouve placée aux nombres **14, 22, 23, 24, 32,**
elle signifie prétendue ; placée aux mêmes nombres,
et tirée pour une jeune fille ou une veuve, elle signifie rivale.

Cette carte par elle-même est un indice de contrariétés, sans gravité le plus souvent, mais dont on
pourra connaître les particularités par un examen at-
tentif des cartes d'accompagnement. Il ne faudra pas
se contenter dans ce cas de consulter le sens des
cartes placées à la droite et à la gauche, en haut
et en bas de la dame de pique ; mais les cartes qui y
toucheront diagonalement devront être considérées
avec beaucoup d'attention, parce qu'elles pourront
éclaircir, si le sens en est obscur, l'oracle à formuler,
ou du moins donner des détails plus complets, qui
permettront au consultant de se prémunir contre les
événements, et par là même d'en atténuer les fâcheux
effets.

Si vous devez faire un voyage, connaissant d'a-
vance le mauvais temps que vous devrez supporter
et son peu de chance de réussite, vous pourrez le
remettre à une époque plus favorable ou même y
renoncer ; si vous avez quelques contestations, il
vous faudra de beaucoup préférer une transaction à
un procès dont l'issue pourrait vous être très-oné-
reuse.

Le valet de pique représente un garçon méchant, avare, d'un caractère hautain, prêt à abuser de la confiance que l'on mettrait en lui si l'on n'était déjà prévenu par sa mauvaise réputation. Se disant votre ami dévoué aujourd'hui, demain il vous abandonnera, répandra dans le public les secrets que vous auriez pu lui confier à la légère, jalousera votre position et s'unira à vos plus mortels ennemis pour vous nuire sans devoir en tirer le moindre profit.

Le dix de pique est un signe de peine de cœur, de tristesse et quelquefois de deuil.

Vos espérances seront déçues, les projets de mariage que vous aviez formés ne pourront pas se réaliser et vous devrez vous attendre à une suite de déboires. Il vous faudra donc être extrêmement prudent et prendre conseil de gens expérimentés avant de rien entreprendre.

Le neuf de pique signifie rupture et quelquefois mort, mais jamais mort d'homme.

Cette carte est souvent pour les autres un mauvais voisinage : elle empêche de formuler un oracle. Alors il faut recommencer l'opération, parce qu'étant de mauvais augure et toujours d'un sens peu facile à définir, il n'est pas nécessaire de chercher à interpréter des choses au-dessus de ce qui rentre dans le domaine de la récréation pure et simple.

Le huit de pique, dans son sens général, signifie afflictions, larmes, contrariétés, tribulations.

De tout temps, la signification de cette carte a paru d'un augure défavorable; mais si elle est accompagnée de cartes d'un heureux présage, les désagréments qu'elle annoncera seront de peu d'importance : vous manquerez une partie de campagne; des cancans seront faits sur votre compte, etc. L'examen des cartes d'accompagnement vous éclaircra.

Placé aux nombres 14, 22, 23, 24, 32 et tiré pour un célibataire, il signifie prétendue fausse et volage; s'il s'agissait d'une maîtresse, il faudrait y ajouter le sens d'infidèle. Si le sept de pique est placé aux mêmes nombres et tiré pour une jeune fille ou une veuve, il a le sens de rivale. Les sentiments que vous apprendront les cartes d'accompagnement feront connaître à la personne pour qui l'on tire la conduite qu'aura à son égard sa parente, son amie, sa rivale.

Le deux de pique représente toujours le confident des hommes et des femmes qui se font tirer les cartes.

Cette carte n'a donc par elle-même que la valeur qu'on lui donne et la place qu'elle occupe ; les cartes qui la précèdent ou la suivent, celles qui sont placées dessus ou dessous, peuvent seules lui donner une signification ; mais souvent aussi, ayant elles-mêmes des sens tout différents, il faudra, pour pouvoir formuler un oracle, opérer un second tirage.

Les cartomanciens de l'antiquité regardaient l'as de pique comme une carte d'un excellent augure, et sa signification est toujours complétement favorable : il veut dire persévérance, constance, possession. Proche de cartes dont l'interprétation peut être fâcheuse, il en détruit l'effet presque entièrement, et il ajoute beaucoup à celles d'un sens favorable.

C'est un signe de bonheur dans le mariage, de fortune brillante, d'avenir assuré, d'avancement rapide.

CHAPITRE II

EXPLICATION DES TRENTE-SIX NOMBRES QUI SONT LA BASE DE TOUT CET OUVRAGE POUR BIEN TIRER SON HOROSCOPE.

Nombre 1, nommé projet.

Succès heureux dans ses projets lorsqu'une carte se trouvera placée au nombre 1; les trois qui l'accompagneront et dont les nombres seront 2, 10, 36, parleront plus amplement des événements en les consultant séparément.

Une carte trèfle au nombre 1, où est écrit projet, dénotera que des personnes fidèles s'emploieront pour la réussite des projets formés.

Une carte carreau au nombre 1 annoncera de grandes difficultés dans ses affaires, causées par la jalousie, et les cartes d'accompagnement dudit nombre 1 instruiront des causes du retard ou de la faillite.

Une carte pique au même nombre signifiera trahison et mauvaise attente pour la personne.

Nombre 2, nommé satisfaction. Souhaits accomplis et favorisés du ciel seront l'avenir de la personne lorsqu'une carte cœur se trouvera au nombre 2, où est écrit satisfaction. Les cartes de son accompagnement et dont les nombres seront 1, 3, 11, instruiront des effets, événements, etc.

Une carte trèfle audit nombre annoncera que la

fidélité surmontera tout pour rendre heureuse la personne qui fait tirer son horoscope. Les trois cartes qui l'accompagneront, placées aux nombres 1, 3, 11, expliqueront les circonstances.

Une carte carreau audit nombre 2 annoncera à la personne de grandes difficultés de jalousie à vaincre.

Les trois cartes d'accompagnement parleront des causes du retard. Une carte pique audit nombre 2 annoncera trahison et mauvaise espérance.

Nombre 3, nommé réussite.

L'on doit considérer le mot réussite selon son état et entreprise.

Une carte cœur au nombre 3 dénotera réussite heureuse et favorable ; les trois cartes d'accompagnement, dont les nombres seront 2, 4, 12, expliqueront mieux les causes en les consultant en leur valeur particulière.

Une carte trèfle au nombre 3 signifiera qu'avec le secours des amis la personne réussira et écartera au loin les jaloux et les envieux. Pour plus ample explication, consultez les trois cartes d'accompagnement.

Une carte carreau audit nombre 3 annoncera beaucoup de difficultés à surmonter dans ses entreprises par rapport aux jaloux et peu de succès, quoique néanmoins la personne remplisse avec honneur les devoirs de son état.

Une carte pique annoncera à la personne qu'elle sera trahie, ce qui empêchera qu'elle ne réussisse dans ses projets. Les trois cartes qui l'accompagneront en parleront plus amplement.

Nombre 4, nommé espérance. Une carte cœur au

nombre 4 annoncera que les espérances de la personne auront des succès heureux et accomplis. Les trois cartes de son accompagnement aux nombres 3, 5, 13 instruiront davantage des événements.

Une carte trèfle annoncera que la personne, par le moyen du travail et avec le secours de ses amis, verra toutes ses espérances accomplies.

Une carte carreau audit nombre 4 signifiera et représentera des espérances légèrement fondées et qui seront entièrement vaines.

Une carte pique au même nombre annoncera espérances follement conçues ou détruites de fond en comble par trahison. Les trois cartes aux nombres 3, 5, 13, indiqueront mieux la chose.

Nombre 5, nommé hasard. On doit regarder comme hasard un gain à la loterie, aux cartes et aux autres jeux, ainsi que la rencontre des trésors cachés, des personnes qui deviennent amants ou amantes, bienfaiteurs ou bienfaitrices, voleurs ou voleuses, et également une perte faite par l'eau ou le feu.

Une carte cœur audit nombre 5 dénote un heureux hasard qui doit faire la fortune de la personne et mettre son état en grande considération. Les trois cartes d'accompagnement en parleront plus en détail.

Une carte trèfle au nombre 5 annoncera à la personne que le hasard, avec le secours des amis ou bienfaiteurs, la mettra à portée de tenter un meilleur sort auquel elle réussira très-bien.

Une carte carreau au même nombre signifie à la personne que le hasard lui procurera amant ou amante, bienfaiteur ou bienfaitrice, voyage de prospérité, héritages et nouvelles des parents ; les trois cartes d'accompagnement aux nombres 4, 6, 14, en examinant aussi la carte au nombre 17 avec les quatre cartes d'accompagnement aux nombres 8, 16, 18, 26, considérées en leurs valeurs particulières et en celles de leurs jonctions, annoncent que les cœurs doivent être regardés comme bons parents, les trèfles comme fidèles amis, les carreaux comme chose étrangère, les rois, les dames, les valets, les sept, comme sentiment et cœur généreux ; les piques comme mauvais parents, amis de sinistre augure, c'est-à-dire que, si une carte pique est au nombre 5, elle signifiera hasard malheureux, comme vol, banqueroute et perte par le feu ou par l'eau. Si deux figures pique se touchent ou de côté ou perpendiculairement et qu'elles soient aux nombres 4, 5, 6, 14, 16, 18, 26, elles annoncent certitude de ces événements.

Nombre 6, nommé désir.

Le mot et l'objet, comme désirer et désir, doivent être considérés comme argent, maîtresse, amant, succession, héritage, association, possession, mariage, découvertes et talents.

Une carte cœur au nombre 6 annonce que la personne verra l'objet de son ardent désir heureusement accompli.

Une carte carreau audit nombre annonce qu'il faudra par présent faire taire la jalousie et contenter des personnes intéressées pour obtenir l'objet désiré.

Une carte pique au nombre 6 signifiera à la personne que son désir ne sera point accompli. Les trois cartes d'accompagnement aux nombres 5, 7, 15, instruiront de tous ces événements, tant du côté des piques, carreaux, que du côté des trèfles et des cœurs.

Nombre 7, nommé injustice.

Le mot injustice sera considéré pour causes non méritées, comme pour pertes de place, de procès, d'estime des bienfaiteurs par faux rapport ou mauvaise interprétation dans les choses confiées. En ce cas, si une carte cœur se trouve au nombre 7, elle annoncera à la personne que l'injustice qu'on lui aura faite sera réparée à son entière satisfaction. Pour plus ample information, on consultera les trois cartes d'accompagnement qui seront aux nombres 6, 8, 16.

Une carte trèfle au nombre 7 annonce que la personne doit mettre tout en œuvre avec ses amis pour obtenir réparation d'honneur, qui sera accordée à la justice de sa demande. On consultera pour cet avenir heureux les trois cartes d'accompagnement aux nombres 6, 8, 16.

Une carte carreau au nombre 7 annonce que la personne doit employer des présents pour se faire faire une réparation honorable de l'injustice qu'on lui a faite. Consultez pour cet avenir les indices que donneront les trois cartes d'accompagnement aux nombres 6, 8, 16.

Une carte pique audit nombre 7 signifie que rien n'est capable d'effacer l'injustice qui lui a été faite et que, pour éviter de la faire augmenter, elle doit faire semblant de l'oublier et se taire.

Nombre 8, nommé ingratitude.

L'ingratitude a ses causes naturelles et forcées : prêter de l'argent à l'homme impuissant à le rendre et le redemander avec dureté ou par les voies de la justice ; placer par bonté de cœur un homme sans foi, lui donner ainsi occasion de devenir ingrat en obtenant à votre détriment une place où il pourra vous nuire. En conséquence, nous ne devons point nous plaindre de l'ingratitude des hommes, puisque pour le plus souvent c'est nous-mêmes qui leur en fournissons l'occasion par notre trop de confiance.

Une carte cœur au nombre 8 annoncera que la personne obtiendra une ample justice des personnes qui l'auront désobligée par ingratitude.

Une carte trèfle au nombre 8 signifie que la personne, avec le secours des amis, obtiendra réparation d'honneur des personnes qui l'auront payée d'ingratitude.

Une carte carreau annoncera à la personne que la jalousie sera seule la cause de l'ingratitude qu'elle recevra.

Une carte pique au nombre 8 signifie que la personne sera trahie par les personnes mêmes qu'elle aura obligées sensiblement, et que, pour éviter plus grand mal, elle doit paraître insensible, se taire et faire même du bien à ces ingrats. Dans toutes les remarques ci-dessus énoncées, les trois cartes d'accompagnement aux nombres 7, 9, 17, instruiront des détails.

Nombre 9, nommé association.

Une carte cœur au nombre 9 annoncera à la personne que toutes ses associations réussiront selon ses désirs.

Une carte trèfle audit nombre 9 dénote que, par le travail et avec le secours des amis, les associations deviendront fructueuses.

Une carte carreau au nombre 9 signifie à la personne que la jalousie la fera souffrir dans ses associations.

Une carte pique au nombre 9 annonce que la personne en association fera le bonheur des autres et non le sien. Les trois cartes d'accompagnement aux nombres 8, 10, 18, en parleront plus amplement.

On entend par le mot association tout ce qui doit arriver, comme mariage, société de commerce, de fabrique, d'entreprises, de conquêtes et de contrebande; le tout relativement aux états et aux espérances des personnes pour qui l'on tire.

Nombre 10, nommé perte.

Une carte cœur au nombre 10 annonce à la personne qu'elle aura perte de bienfaiteurs, à laquelle elle sera très-sensible.

Une carte trèfle audit nombre signifie que la personne perdra des amis fidèles qui dérangeront ses espérances.

Une carte carreau au nombre 10 annoncera à la personne perte de biens, c'est-à-dire argent, terre, héritage ou prétention légitime, meubles, bijoux, etc.

Une carte pique audit nombre annonce à la personne grande perte d'intérêts; on consultera les quatre cartes d'accompagnement aux nombres 1, 9, 11, 19, qui vous instruiront de la nature des objets des pertes.

Nombre 11, nommé peine.

Une carte cœur au nombre 11 signifiera que la personne aura de cuisants chagrins, causés par l'amour ou par ses propres parents.

Une carte trèfle au nombre 11 représentera peines d'amitié.

Une carte carreau audit nombre annoncera à la personne qu'elle aura des peines d'intérêts à souffrir. Les quatre cartes d'accompagnement aux nombres 2, 10, 12, 20, expliqueront la nature des peines d'intérêts à échoir.

Une carte pique au nombre 11 signifie à la personne qu'elle essuiera des peines causées par la jalousie et la trahison. Pour bien connaître la nature de ces peines, il n'y a qu'à consulter les nombres 2, 10, 12, 20.

Nombre 12, nommé état.

Une carte cœur au nombre 12 annoncera à la personne que son état deviendra de jour en jour meilleur.

Une carte trèfle audit nombre 12 annoncera que l'état de la personne prendra accroissement et que, par son assiduité, son travail et le secours d'amis fidèles, elle prospérera.

Une carte carreau au nombre 12 annoncera à la personne que la jalousie la tiendra dans un état pénible à soutenir.

Une carte pique au même nombre signifie décadence d'état. On observera que cet avenir n'est que pour le temps du tirage qu'elle annonce.

Nombre 13, nommé joie.

Une carte cœur au nombre 13 signifie que la personne ressentira une joie pure, agréable et très-profitable.

Une carte trèfle audit nombre annonce à la personne un accroissement de fortune, par services d'amis fidèles.

Une carte carreau au nombre 13 signifie que la personne tressaillira de joie d'avoir gagné une affaire en dépit des jaloux.

Une carte pique au même nombre annonce que la personne sera au comble de la joie d'avoir été utile à ses supérieurs, qui augmenteront sa fortune.

Nombre 14, nommé amour.

Une carte cœur au nombre 14 annonce que la personne sera heureuse en amour; les quatre cartes d'accompagnement aux nombres 13, 15, 23, 32, parleront des événements.

Une carte trèfle audit nombre dénote à la personne qu'on lui sera fidèle en amour.

Une carte carreau au nombre 14 annoncera à la personne amour affligé de la jalousie. Pour les circonstances, consultez les quatre cartes d'accompagnement.

Une carte pique au même nombre signifiera à la personne trahison d'amour; les quatre cartes d'accompagnément instruiront des événements.

Nombre 15, nommé prospérité.

Une carte cœur au nombre 15 annoncera à la personne prospérité à venir par voie légitime.

Une carte trèfle audit nombre signifie que, par intelligence, esprit et services de fidèles amis, la personne fera un gain plus que suffisant pour vivre avec honnêteté dans son état.

Une carte carreau au nombre 15 annoncera à la personne décadence de fortune par les effets de la jalousie.

Une carte pique au même nombre signifie que les effets de la haine et de l'infidélité détruiront la prospérité de la personne pour qui l'on tire. Pour un plus long détail, on consultera les quatre cartes d'accompagnement aux nombres 6, 14, 16, 24.

Nombre 16, nommé mariage. Il faut consulter le mariage relativement à soi-même, si on est en état de pouvoir en contracter. Si l'on est marié ou hors d'âge, il faut regarder ce nombre 16 comme devant appartenir à ses proches parents ou bienfaiteurs, puisque les effets du bien ou du mal doivent s'étendre jusqu'à la personne pour qui l'on tire.

Une carte cœur au nombre 16 annonce à la personne félicité de mariage par amour réciproque.

Une carte trèfle audit nombre signifiera que la personne, avec le secours d'amis, contractera un mariage fortuné et agréable. Voyez les nombres 7, 15, 17, 25, qui vous informeront des circonstances.

Une carte carreau au nombre 16 annoncera à la personne que la jalousie troublera son mariage.

Une carte pique au même nombre signifiera à la personne que la trahison et la jalousie lui feront manquer un riche mariage. Consultez les quatre cartes d'accompagnement aux nombres ci-dessus.

Nombre 17 nommé affliction.

Une carte cœur au nombre 17 annoncera à la personne affliction de cœur qui ne sera point de longue durée.

Une carte trèfle audit nombre signifiera à la personne affliction pour ami qui ne s'effacera que par réconciliation.

Une carte carreau au nombre 17 annoncera à la personne affliction causée par les effets de la jalousie.

Une carte pique au même nombre représentera à la personne affliction très-sensible causée par la trahison. Pour en mieux connaître les causes, voyez les cartes d'accompagnement dont les nombres font 8, 16, 18, 26.

Nombre 18 nommé jouissance.

Une carte cœur au nombre 18 annoncera que les amours de la personne seront accompagnées de désirs réciproques et de jouissances sans amertume.

Une carte trèfle audit nombre signifiera que la personne, par ses soins, ses politesses et le secours de ses amis, jouira du cœur et des sentiments de sa maîtresse ou amant.

Une carte carreau au nombre 18 dénotera jouissance orageuse et troublée par les effets de la jalousie, mais qui se terminera cependant sans aucun incident fâcheux.

Une carte pique au même nombre annoncera jouissance prête à se rompre et de courte durée. Pour mieux en connaître les causes, on consultera les quatre cartes d'accompagnement aux nombres 9, 17, 19, 27.

Nombre 19 nommé héritage.

Une carte cœur au nombre 19 annonce que la

personne aura un héritage légitime et très-considérable.

Une carte trèfle audit nombre signifie que des amis de la personne lui laisseront en mourant une portion de leurs biens.

Une carte carreau au nombre 19 annoncera que la jalousie et l'intérêt de faux parents ou amis lui feront perdre une grande portion d'un héritage légitime qui lui échoira.

Une carte pique au même nombre annonce que la personne perdra par trahison un bien d'héritage ou don par testament de bienfaiteur. On consultera pour ce qui regarde le mot héritage les quatre cartes placées aux nombres 10, 18, 20, 28.

Nombre 20, nommé trahison.

Une carte cœur au nombre 20 annoncera à la personne que le mal qu'on voulait lui faire par trahison retombera sur le traître.

Une carte trèfle audit nombre signifiera à la personne qu'avec le secours de fidèles amis elle sera préservée d'une très-grande trahison qui aurait dérangé entièrement ses affaires.

Une carte carreau au nombre 20 annonce que la personne essuiera trahison par jalousie, qui la chagrinera beaucoup, mais qui néanmoins s'effacera avec le temps.

Une carte pique au même nombre représentera à la personne trahison dans ses espérances par calomnie, qui lui fera perdre des amis. Les quatre cartes consultées aux nombres 11, 12, 21, 29 instruiront plus amplement.

Nombre 21, nommé rival.

Le mot rival ou rivale sera considéré en amour comme amant ou maîtresse, et en état de biens, comme objet concourant aux mêmes vues de la personne.

Une carte cœur au nombre 21 annonce que la personne aura la préférence sur ses rivaux avec toute sorte de satisfactions.

Une carte trèfle audit nombre signifiera à la personne que son mérite personnel, joint aux bons offices rendus par de véritables amis, lui obtiendra victoire sur ses rivaux ou rivales.

Une carte carreau au nombre 21 annonce que les rivaux de la personne obtiendront, par jalousie et intrigues, une partie des faveurs qu'elle aura elle-même sollicitées.

Une carte pique au même nombre représentera à la personne disgrâce complète, et faveurs entières accordées à ses rivaux. Les quatre cartes d'accompagnement aux nombres 12, 20, 22, 30, en expliqueront toutes les circonstances.

Nombre 22, nommé présent.

Une carte cœur au nombre 22 signifie que la personne recevra des présents de valeur au-dessus de son attente.

Une carte trèfle audit nombre annoncera présents d'intérêt, donnés à la personne par amour-propre.

Une carte carreau au nombre 22 représente un cœur vil, bas, méprisable, que le plus petit présent séduira.

Une carte pique au même nombre annonce présents perfides, donnés par une personne mal intentionnée pour éloigner les soupçons que la personne aurait droit de former contre elle. Consultez les quatre cartes d'accompagnement qui seront aux nombres 13, 21, 23, 31.

Nombre 23, nommé amant.

Une carte cœur au nombre 23 annoncera à la personne qu'elle aura amant, ou maîtresse, d'un bon caractère et d'un grand attachement; même signification à donner pour des amis.

Une carte trèfle audit nombre représente amant ou maîtresse fidèles et de naissance, portés à faire du bien à la personne; même signification à donner pour les amis.

Une carte carreau au nombre 23 annonce que la personne aura amant ou maîtresse susceptibles de jalousie, qui gêneront la personne par leurs soupçons et leur air boudeur; de plus, elle signifiera que vous avez des amis jaloux, ombrageux et intéressés.

Une carte pique au même nombre annoncera que la personne aura maîtresse ou amant fourbe, intéressé, vindicatif et volage; même signification à donner s'il s'agit d'un ami. Voyez les quatre cartes d'accompagnement aux nombres 14, 22, 24, 32.

Nombre 24, nommé élévation.

Le mot élévation doit être regardé comme hasard heureux, quoique prédestiné à naître et à venir à la personne.

Une carte cœur au nombre 24 annoncera que la personne sera élevée dans son état bien au-dessus de son attente, et qu'elle fera l'objet de l'admiration et de l'estime des honnêtes gens.

Une carte trèfle audit nombre représentera à la personne que, par son exactitude à remplir son devoir, et avec le secours de fidèles amis, elle obtiendra élévation, accompagnée de fortune.

Une carte carreau au nombre 24 signifiera à la personne que la jalousie différera longtemps son élévation.

Une carte pique au même nombre annoncera à la personne que la trahison nuira sans cesse à son élévation. Pendant le cours dudit tirage, les quatre cartes d'accompagnement aux nombres 15, 23, 25, 33 instruiront plus amplement.

Nombre 25, nommé bienfait mérité.

Une carte cœur au nombre 25 annonce que la personne recevra la récompense méritée et promise ou attendue de ses supérieurs.

Une carte trèfle audit nombre signifie que la personne obtiendra, avec le secours de ses amis, le bienfait mérité.

Une carte carreau au nombre 25 annoncera que la personne aura beaucoup de peine, causée par la jalousie, à faire connaître ses prétentions pour obtenir le bienfait mérité, dont elle ne recevra qu'une partie.

Une carte pique au même nombre représentera à la personne que le bienfait mérité sera donné à un autre par trahison. Les quatre cartes d'accompagnement aux nombres 16, 24, 26, 34 en parleront plus amplement.

Nombre 26, nommé entreprise.

Une carte cœur au nombre 26 annoncera à la personne que toutes ses entreprises seront heureuses.

Une carte trèfle audit nombre signifie que la personne sera aidée de ses amis dans ses entreprises et qu'elles seront lucratives.

Une carte carreau au nombre 26 représente que la personne sera troublée par la jalousie et l'intérêt, qui nuiront beaucoup au succès de ses entreprises.

Une carte pique au même nombre annonce qu'une grande partie de ses entreprises tourneront à son désavantage, c'est-à-dire celles dont elle se servira pour augmenter rapidement sa fortune, mais non point celles qui lui procureront les besoins de la vie.

Nombre 27, nommé changement.

Une carte cœur au nombre 27 annonce à la personne qu'il lui arrivera un heureux changement en honneurs et en fortune.

Une carte trèfle audit nombre représentera à la personne que, par les services de fidèles amis, elle obtiendra un changement d'état et de fortune.

Une carte carreau au nombre 27 annoncera à la personne que les effets de la jalousie changeront sa position à son désavantage.

Une carte pique au même nombre annonce que la personne n'éprouvera aucune variation de changement dans son état. Pour cet effet, consultez les quatre cartes de son accompagnement qui seront aux nombres 18, 26, 28, 36.

Nombre 28, nommé mort et fin.

Une carte cœur au nombre 28 signifie que la

mort d'un parent ou bienfaiteur augmentera la fortune de la personne pour qui l'on tire l'horoscope.

Une carte trèfle audit nombre annoncera à la personne qu'un de ses amis lui laissera en mourant un souvenir bienfaisant.

Une carte carreau au nombre 28 annoncera au consultant la mort d'un ennemi.

Une carte pique au même nombre annoncera à la personne la mort de celle qui lui aura fait le plus de mal en sa vie.

Nombre 29, nommé récompense.

Une carte cœur au nombre 29 signifiera que la personne sera récompensée de son industrie, de son travail, de sa fidélité ou de son attachement avec bonté de cœur et estime.

Une carte trèfle au nombre 29 annoncera que, par les services de ses amis, la personne recevra la récompense qui lui est due et sur laquelle elle met toutes ses espérances.

Une carte carreau au nombre 29 annoncera à la personne que la jalousie retardera sa récompense ou plutôt la diminuera.

Une carte pique au même nombre signifiera que la personne perdra par trahison la récompense promise ou attendue.

Nombre 30, nomme disgrâce.

Une carte cœur au nombre 30 annoncera à la personne qu'elle essuiera une disgrâce qu'elle n'aura pas de peine à oublier.

Une carte trèfle audit nombre représente qu'un

ami bienfaiteur de la personne essuiera une disgrâce dont elle se ressentira.

Une carte carreau au nombre 30 annoncera que les effets de la jalousie causeront à la personne des disgrâces sensibles.

Une carte pique au même nombre signifiera à la personne qu'un ami de confiance la trahira et lui fera par ce moyen essuyer plusieurs disgrâces. Consultez les cartes d'accompagnement aux nombres 21, 29, 31.

Nombre 31, nommé bonheur.

Une carte cœur au nombre 31 annoncera à la personne un bonheur imprévu qui rendra sa vie agréable.

Une carte trèfle audit nombre annoncera que la personne, avec le secours d'amis, profitera d'un coup de bonheur qui augmentera considérablement sa fortune.

Une carte carreau au nombre 31 signifiera à la personne que les effets de la jalousie et de l'ambition de faux amis lui seront favorables.

Une carte pique au même nombre annoncera à la personne qu'elle sera secourue par des amis dans un cas de besoin pressant; c'est-à-dire qu'il y aura des personnes qui attenteront à sa vie, et que l'assassinat dont elle est menacée sera détourné par ses propres amis. On emploiera, mais inutilement, jusqu'au poison pour la détruire. Les trois cartes d'accompagnement aux nombres 22, 30, 32, en parleront plus amplement.

Nombre 32, nommé fortune.

Une carte cœur au nombre 32 annoncera à la personne qu'elle fera une fortune brillante et proportionnée à son état d'espérance.

Une carte trèfle audit nombre annoncera à la personne que son travail et son intelligence, avec le secours d'amis sincères et bienfaisants, lui feront faire fortune.

Une carte carreau au nombre 32 annoncera à la personne que des êtres jaloux, en qui elle aura mis trop de confiance, feront leur fortune à ses dépens, vu qu'ils profiteront adroitement de sa trop grande bonté.

Une carte pique au même nombre annoncera à la personne que tous ses talents et toute son industrie ne serviront qu'à faire la fortune des traîtres qui se présenteront pour la servir en apparence, et qu'elle ne recueillera d'autres fruits de ses droits que la conservation de son état qui la fera subsister. Voyez les trois cartes d'accompagnement aux nombres 23, 31, 33.

Nombre 33, nommé indifférence.

Une carte cœur au nombre 33 annoncera à la personne que son indifférence pour le bien à venir à d'autres lui fera couler des jours tranquilles.

Une carte trèfle audit nombre représentera à la personne que son indifférence pour le choix d'amis lui sera souvent un sujet de larmes.

Une carte carreau au nombre 33, ainsi qu'une carte pique, annonceront à la personne qu'elle perdra du bien par son indifférence, et que des personnes plus soigneuses et plus vigilantes ramasseront ce qu'elle négligera. Consultez les trois cartes d'accompagnement aux nombres 24, 32, 34.

Nombre 34, nommé faveur.

Une carte cœur au nombre 34 annonce que la personne obtiendra faveur d'amour et méritera la considération de personnes riches qui feront sa fortune.

Une carte trèfle audit nombre annoncera à la personne que sa conduite sage et édifiante lui gagnera toutes les causes.

Une carte carreau au nombre 34 annonce que la personne aura beaucoup de peine à obtenir de véritables faveurs.

Une carte pique au même nombre signifie que la personne sollicitera en vain des faveurs fructueuses. Voyez les trois cartes d'accompagnement aux nombres 25, 33, 35.

Nombre 35, nommé ambition.

Une carte cœur au nombre 35 signifie que la personne doit tout attendre de son ambition et qu'elle en recevra le fruit desiré.

Une carte trèfle audit nombre annoncera à la personne que, par son mérite et son intelligence à se faire des amis, tous ses désirs d'ambition relativement à son état et à ses espérances réussiront à son gré.

Une carte carreau au nombre 35 signifiera à la personne que la jalousie de ses amis, associés et parents altérera et ralentira les possibilités de son ambition.

Une carte pique au même nombre annonce que

la personne, par finesse et trahison d'amis, sera déchue de son objet principal d'ambition. Voyez les trois cartes d'accompagnement aux nombres 26, 34, 36.

Nombre 36, nommé maladie.

Ces maladies seront de courte durée si une carte cœur est placée au nombre 36; si c'est un trèfle, elles seront sans gravité; si c'est pique, elles ne pourront atteindre que vos ennemis; si c'est un carreau, une légère indisposition vous fera manquer une partie de plaisir.

CHAPITRE III

EXPLICATION DÉTAILLÉE DE VINGT-QUATRE MANIÈRES DIFFÉRENTES, DE TROIS ROIS, TROIS DAMES, TROIS VALETS, TROIS DIX, TROIS NEUF, TROIS HUIT, TROIS SEPT, TROIS DEUX, ET TROIS AS, QUI SE TOUCHENT, SOIT PERPENDICULAIREMENT OU DE FRONT, SOIT DE TRIANGLE OU DE FILE, ETC.

Je suppose l'as de cœur au nombre 1, l'as de trèfle au nombre 11, qui est la seconde place, et l'as de pique au nombre 21, qui est la troisième place. En conséquence, je trouve ci-jointe l'explication de ces trois sortes d'as qui se touchent.

        1. As de *cœur.*
        2. As de *trèfle.*
        3. As de *pique.*

EXPLICATION. — Une naissance causera de la joie et du bien à la personne. Je suppose les trois mêmes as placés aux mêmes nombres, mais changés de places. Savoir, l'as de trèfle au nombre 1, l'as de cœur au nombre 2, et l'as de pique au nombre 21, vous allez avoir ci-dessous l'explication de ces trois as qui se touchent.

        1. As de *trèfle.*
        2. As de *cœur.*
        3. As de *pique.*

EXPLICATION. — La personne gagnera par bienfaits le cœur d'une jeune personne et en recevra un service essentiel dans un moment inattendu de pressant besoin. Je suppose encore les trois mêmes as, aux nombres ci-dessus, mais changés de places, comme vous verrez dans cet exemple.

1. As de *pique*.
2. As de *trèfle*.
3. As de *cœur*.

EXPLICATION. — La personne obtiendra satisfaction d'une injustice qui lui aura causé beaucoup de peine; elle en sera dédommagée par une réparation honorable et lucrative. L'on voit, par les trois exemples et ces trois réponses différentes, qu'il faut faire attention à la position des trois as, savoir lequel est posé le premier, le second, le troisième, et il en sera de même des trois autres cartes qui se toucheront; pour l'expliquer plus clairement, j'entends, par la première des trois cartes posées, celle qui aura été placée la première sur la table.

En conséquence, la carte posée au nombre 1 a été posée avant celle qui est posée au nombre 11, et la dite carte au nombre 11 avant celle que vous trouverez au nombre 21. D'après cette explication, vous ne devez pas ignorer ce que je veux dire, par places 1, 2, 3, pour toutes les positions de trois cartes qui se touchent.

LES TROIS ROIS

1. Roi de *cœur*.
2. Roi de *carreau*.
3. Roi de *trèfle*.

La personne, d'un état malheureux, passera à un qui sera très-heureux ; elle possédera des biens, des honneurs, des richesses immenses.

1. Roi de *cœur*.
2. Roi de *carreau*.
3. Roi de *pique*.

La personne, malgré toutes les peines qu'elle se donnera pour acquérir une fortune plus brillante que la sienne, n'avancera pour cela en rien.

1. Roi de *cœur*.
2. Roi de *trèfle*.
3. Roi de *carreau*.

La personne, par ses talents, changera d'état et prospérera en honneurs et en richesses.

1. Roi de *cœur*.
2. Roi de *trèfle*.
3. Roi de *pique*.

6

Leurs successions rendront la personne fortunée et la mettront à portée de faire des heureux.

1. Roi de *cœur*.
2. Roi de *pique*.
3. Roi de *trèfle*.

La mort d'un enfant fera changer d'état à la personne par le bien qu'elle recevra de cet événement.

1. Roi de *cœur*.
2. Roi de *pique*.
3. Roi de *carreau*.

La trahison des amies de la personne même détruira toutes ses espérances, au moment qu'elle s'y attendra le moins : ce qui dérangera beaucoup sa fortune.

1. Roi de *trèfle*.
2. Roi de *carreau*.
3. Roi de *cœur*.

La personne recevra un bien qui avait été ravi à ses parents. Cette restitution la fera changer d'état en lui apportant une fortune considérable.

1. Roi de *trèfle*.
2. Roi de *carreau*.
3. Roi de *pique*.

La personne sera obligée de restituer un bien dont elle jouit sans lui appartenir, ce qui la dérangera beaucoup dans son état.

1. Roi de *trèfle*.
2. Roi de *pique*.
3. Roi de *cœur*.

Un trésor caché que trouvera la personne fera sa fortune et le bonheur de sa vie.

1. Roi de *trèfle.*
2. Roi de *pique.*
3. Roi de *carreau.*

La personne, par le feu, perdra quelques biens, ce qui la fera changer d'état pour un temps; mais avec le travail et la patience elle redeviendra aussi riche qu'auparavant.

1. Roi de *trèfle.*
2. Roi de *cœur.*
3. Roi de *carreau.*

La personne, par faveurs méritées, s'élèvera au-dessus de son état et changera de fortune; les récompenses qu'elle recevra lui attireront une infinité de jaloux.

1. Roi de *trèfle.*
2. Roi de *cœur.*
3. Roi de *pique.*

La personne est née pour être estimée d'amis fidèles et bienfaisants, qui lui procureront un heureux mariage.

1. Roi de *carreau.*
2. Roi de *cœur.*
3. Roi de *trèfle.*

Les services de bons parents ou de quelques amies bienfaisantes élèveront la personne à un état honorable et lucratif.

1. Roi de *carreau.*
2. Roi de *cœur.*
3. Roi de *pique.*

La personne gagnera au jeu de hasard un bien considérable.

1. Roi de *carreau*.
2. Roi de *trèfle*.
3. Roi de *cœur*.

La personne aura occasion de rendre un service assez important à un grand qui lui en témoignera sa reconnaissance en fournissant à ladite personne un moyen de réclamer sa protection sur un service qui lui fera un sort heureux le reste de sa vie.

La personne, par le secours des parents ou amis, sera mise en prospérité.

1. Roi de *carreau*.
2. Roi de *pique*.
3. Roi de *cœur*.

La personne recevra des disgrâces pour avoir trop parlé contre un grand dans une assemblée.

1. Roi de *carreau*.
2. Roi de *pique*.
3. Roi de *trèfle*.

La personne, pour avoir trop confié ses affaires, au lieu d'attendre du bien, en recevra de la mortification, causée par la jalousie et la trahison.

1. Roi de *pique*.
2. Roi de *cœur*.
3. Roi de *trèfle*.

La personne traitera pour obtenir réussite d'une affaire de cœur où il y va de l'honneur et de l'intérêt, qui réussira à son gré par le secours de ses amis.

1. Roi de *pique*.
2. Roi de *cœur*.
3. Roi de *carreau*.

La personne se trouvera attaquée et du côté de sa

personne et du côté de ses biens. Un homme coura-
geux et bienfaisant parera les coups et la délivrera
de malheureux événements.

1. Roi de *pique*.

2. Roi de *trèfle*.

3. Roi de *cœur*.

La personne recevra un présent de conséquence
qui lui sera donné par parents ou bienfaiteurs en reconnaissance de son attachement.

1. Roi de *pique*.

2. Roi de *trèfle*.

3. Roi de *carreau*.

La personne aura un ami en qui elle mettra toute
sa confiance et sur qui elle n'aura aucun soupçon ;
cet ami lui volera ses bijoux et son argent.

1. Roi de *pique*.

2. Roi de *carreau*.

3. Roi de *cœur*.

La personne triomphera de deux de ses ennemis
par de sages conseils qui la mettront en vénération
dans l'esprit des honnêtes gens par la modestie qui
accompagnera ses actes de victoires.

1. Roi de *pique*.

2. Roi de *carreau*.

3. Roi de *trèfle*.

La personne aura des maladies d'estomac causées
par l'eau.

Toutes ces explications sont définies sans avoir
égard aux places, aux nombres où seront placés
lesdits trois rois qui se toucheront : ainsi des autres, etc.

LES TROIS DAMES

1. Dame de *cœur*.
2. Dame de *carreau*.
3. Dame de *trèfle*.

La personne sera toujours heureuse par les entreprises que feront ses proches parents pour ce qui concerne les affaires de sa maison.

1. Dame de *cœur*.
2. Dame de *carreau*.
3. Dame de *pique*.

La personne sera mal récompensée de la part de ses parents; aussi fera-t-elle bien de ne leur point demander d'argent.

1. Dame de *cœur*.
2. Dame de *trèfle*.
3. Dame de *carreau*.

La personne trouvera tous les secours imaginables dans ses proches parents, elle sera aimée et chérie.

1. Dame de *cœur*.
2. Dame de *trèfle*.
3. Dame de *pique*.

La personne sera aimée de ses parents alliés, c'est-à-dire beau-frère, belle-fille, neveux et nièces. Elle recevra à l'avenir toutes sortes de biens.

1. Dame de *cœur*.
2. Dame de *pique*.
3. Dame de *trèfle*.

Assemblée de parents ou d'intimes amis pour terminer une affaire à l'avantage de la personne, qui lui assurera un état prospère.

1. Dame de *cœur*.
2. Dame de *pique*.
3. Dame de *carreau*.

Réunion de faux parents ou amis pour nuire au bien à venir de la personne, et où ils détruiront par cabale une affaire qui aurait fait le bonheur de sa vie, ce dont s'apercevra la personne six mois après.

1. Dame de *trèfle*.
2. Dame de *carreau*.
3. Dame de *cœur*.

Les attentions et les complaisances que la personne aura pour une personne âgée et riche lui seront très-bien payées.

1. Dame de *trèfle*.
2. Dame de *carreau*.
3. Dame de *pique*.

La personne négligera un ancien ami ou parent par orgueil ou défaut de complaisance, ce qui lui fera un tort considérable.

1. Dame de *trèfle*.
2. Dame de *pique*.
3. Dame de *cœur*.

Un ami laissera en mourant par testament ou donation tout son bien à la personne.

1. Dame de *trèfle*.
2. Dame de *pique*.
3. Dame de *carreau*.

Une assemblée d'amis traîtres causera un grand désastre à la fortune de la personne ; mais au bout de deux années ses peines commenceront à cesser,

et son état jusqu'à la mort ira de mieux en mieux.

1. Dame de *trèfle*.
2. Dame de *cœur*.
3. Dame de *carreau*.

Il se tiendra une assemblée de parents, d'amis et de supérieurs pour le bien de la personne, qui délibéreront à son avantage. Elle en obtiendra honneur et profit.

1. Dame de *trèfle*.
2. Dame de *cœur*.
3. Dame de *pique*.

Dans une compagnie, la personne se liera étroitement avec une autre qui prendra tant d'attachement pour elle que cette union de sentiment fera son bonheur.

1. Dame de *carreau*.
2. Dame de *cœur*.
3. Dame de *trèfle*.

La personne, par son esprit, gagnera l'estime et l'affection des personnes qui feront son bonheur.

1. Dame de *carreau*.
2. Dame de *cœur*.
3. Dame de *pique*.

La personne trouvera dans une place secrète une

somme d'argent cachée qui fera sa fortune.

1. Dame de *carreau.*
2. Dame de *trèfle.*
3. Dame de *cœur.*

La personne, par conseil d'un ami, par son goût pour les sciences, sortira des bornes qu'elle s'était prescrites ; et, par le travail et par son état, elle obtiendra un prix de mérite qui lui fera par suite faire fortune.

1. Dame de *carreau.*
2. Dame de *trèfle.*
3. Dame de *pique.*

La personne, par entêtement, perdra deux amis qui seront un obstacle à sa fortune dans une entreprise qu'ils auraient fait réussir.

1. Dame de *carreau.*
2. Dame de *pique.*
3. Dame de *cœur.*

Par trop de faiblesse et de crédulité en un faux ami, la personne se fera mépriser des hommes de bien par ses caprices et son entêtement à vouloir suivre toutes ses idées.

1. Dame de *carreau*.

2. Dame de *pique*.

3. Dame de *trèfle*.

La personne abandonnera la voie de la justice et fera des malheureux.

1. Dame de *pique*.

2. Dame de *cœur*.

3. Dame de *trèfle*.

De véritables amis feront, par pure amitié, en sorte que la personne réussisse dans toutes ses entreprises raisonnables.

1. Dame de *pique*.

2. Dame de *cœur*.

3. Dame de *carreau*.

La personne verra d'un œil indifférent les conseils sages d'autrui, ce qui la fera tomber dans des fautes considérables qui lui coûteront beaucoup de larmes.

1. Dame de *pique*.

2. Dame de *trèfle*.

3. Dame de *cœur*.

La personne, par son mérite, gagnera l'amitié des vertueux, qui lui procureront un état heureux.

1. Dame de *pique*.

2. Dame de *trèfle*.

3. Dame de *carreau*.

La personne, par négligence dans ses affaires personnelles, fera soupçonner sa probité et sa vertu.

1. Dame de *pique*.

2. Dame de *carreau*.

3. Dame de *cœur*.

Ennuyée du bien-être, la personne, par un esprit

turbulent, souffrira la mortification et finira par perdre l'estime publique pendant quelques années; mais elle changera de conduite, et par ce moyen se conciliera de nouveau les suffrages du public, ce qui lui fera recouvrer sa fortune perdue.

    1. Dame de *pique.*

    2. Dame de *carreau.*

    3. Dame de *trèfle.*

Aimer sans être aimée est le tort de la personne; aussi ne lui fera-t-on du bien que par la force de son esprit.

LES TROIS VALETS

    1. Valet de *cœur.*

    2. Valet de *carreau.*

    3. Valet de *trèfle.*

Malgré les procédés infâmes d'un ennemi, la personne gagnera un procès d'où dépend le bonheur de sa vie.

    1. Valet de *cœur.*

    2. Valet de *trèfle.*

    3. Valet de *carreau.*

La personne mettra ordre à des affaires de très-grande conséquence en dépit de la jalousie des amis ou des parents, lesquelles affaires une fois terminées lui procureront une vie douce et agréable.

    1. Valet de *cœur.*

    2. Valet de *trèfle.*

    3. Valet de *pique.*

La personne réussira dans ses entreprises, qui auront des fins heureuses et qui rendront son état florissant.

    1. Valet de *cœur*.

    2. Valet de *pique*.

    3. Valet de *trèfle*.

L'équité de la cause de la personne jointe à de puissantes protections lui fera gagner un grand procès.

    1. Valet de *cœur*.

    2. Valet de *pique*

    3. Valet de *carreau*.

Les concurrents et les ennemis de la personne, à force de présents, lui feront perdre sa cause, ce qui dérangera considérablement sa fortune et sa tranquillité.

    1. Valet de *trèfle*.

    2. Valet de *carreau*.

    3. Valet de *cœur*.

La personne recevra par testament d'un grand une pension qui la fera vivre à son aise le reste de sa vie.

    1. Valet de *trèfle*.

    2. Valet de *carreau*.

    3. Valet de *pique*.

La personne, par de faux amis, perdra un don très-considérable.

    1. Valet de *trèfle*.

    2. Valet de *pique*.

    3. Valet de *cœur*.

La personne, dans un moment inattendu, gagnera le cœur d'une jeune héritière contre les sentiments de ses parents, et il en résultera son bonheur.

1. Valet de *trèfle*.
2. Valet de *pique*.
3. Valet de *carreau*.

La personne perdra au jeu une somme fort au-dessus de son état, et cette perte lui enlèvera tout son crédit dans le public.

1. Valet de *trèfle*.
2. Valet de *cœur*.
3. Valet de *carreau*.

La personne aura dans le pays étranger d'un parent un héritage qui lui fera son bonheur.

1. Valet de *trèfle*.
2. Valet de *cœur*.
3. Valet de *pique*.

La personne, par testament, aura tout le bien mobilier d'un parent ou ami, qui sera considérable.

1. Valet de *carreau*.
2. Valet de *cœur*.
3. Valet de *trèfle*.

La personne, par sa bonne conduite, fera un mariage très-avantageux; si elle est mariée, elle sera heureuse dans son état.

1. Valet de *carreau*.
2. Valet de *cœur*.
3. Valet de *pique*.

La personne suivra le conseil de faux amis qui lui feront perdre tout le fruit du travail de plusieurs années.

Dans un sens plus général, c'est un avertissement de se défier pour la personne pour qui l'on tire.

1. Valet de *carreau*.

2. Valet de *trèfle*.

3. Valet de *cœur*.

La personne réussira en amour et dans ses projets.

1. Valet de *carreau*.

2. Valet de *trèfle*.

3. Valet de *pique*.

L'indiscrétion de la personne et la jalousie d'autrui feront choir ses entreprises.

1. Valet de *carreau*.

2. Valet de *pique*.

3. Valet de *cœur*.

La personne ne sera point heureuse dans ses voyages par eau.

1. Valet de *carreau*.

2. Valet de *pique*.

3 Valet de *trèfle*.

La personne, par une injustice assez reconnue en elle, procédera par voie de force, pour obtenir une chose illégitime. Elle en sera pour ses peines et frais avec dépens, et il ne lui en restera que confusion.

1. Valet de *pique*.

2. Valet de *cœur*.

3. Valet de *trèfle*.

La personne retrouvera dans le pays étranger un ami fripon qui lui restituera avec dépens le bien qu'il lui avait pris.

1. Valet de *pique*.

2. Valet de *cœur*.

3. Valet de *carreau*.

La personne essuiera deux banqueroutes.

1. Valet de *pique*.
2. Valet de *trèfle*.
3. Valet de *cœur*.

La personne recevra un présent de valeur en bijoux.

1. Valet de *pique*.
2. Valet de *trèfle*.
3. Valet de *carreau*.

La personne, en route, perdra un bijou de prix.

1. Valet de *pique*.
2. Valet de *carreau*.
3. Valet de *cœur*.

La personne perdra sa bourse avec de l'argent par imprudence, ce qui lui fera beaucoup de peine.

1. Valet de *pique*.
2. Valet de *carreau*.
3. Valet de *trèfle*.

La personne perdra pour quelque temps l'amitié d'un bienfaiteur, ce qui lui fera beaucoup de tort.

LES TROIS DIX

1. Dix de *cœur*.
2. Dix de *carreau*.
3. Dix de *trèfle*.

La personne, par le secours de parents et d'amis, réussira dans une grande affaire.

1. Dix de *cœur*.
2. Dix de *carreau*.
3. Dix de *pique*.

Les effets de la jalousie et de l'inimitié feront à la

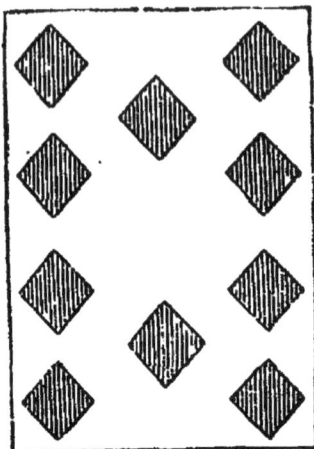

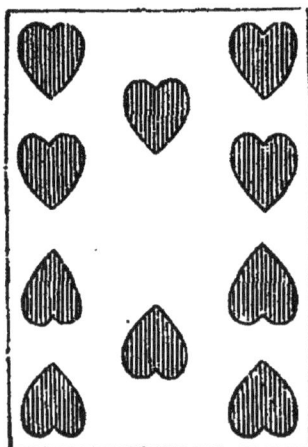

personne perdre une affaire qui nuira beaucoup à sa fortune.

1. Dix de *cœur*.
2. Dix de *trèfle*.
3. Dix de *carreau*.

La personne, malgré la jalousie, gagnera dans une entreprise une somme considérable.

1. Dix de *cœur*.
2. Dix de *trèfle*.
3. Dix de *pique*.

La personne gagnera à la loterie beaucoup d'argent.

1. Dix de *cœur*.
2. Dix de *pique*.
3. Dix de *trèfle*.

La personne gagnera un procès ou une place par ses talents ou une forte somme dans le commerce qui fera sa fortune. L'état de la personne décidera laquelle des trois choses lui échoira.

1. Dix de *cœur*.
2. Dix de *pique*.
3. Dix de *carreau*.

La confiance que la personne mettra en des amis fera qu'elle sera dépouillée d'une partie de ses biens.

1. Dix de *trèfle*.
2. Dix de *carreau*.
3. Dix de *cœur*.

La personne rentrera malgré la jalousie dans un bien ou une place dont elle aura été privée.

1. Dix de *trèfle*.
2. Dix de *carreau*.
3. Dix de *pique*.

La personne ne réussira pas dans ses entreprises ou places, quoiqu'elle les ait longtemps et justement sollicitées.

1. Dix de *trèfle*.
2. Dix de *pique*.
3. Dix de *cœur*.

La personne fera un mariage très-avantageux avec le secours des parents ou de fidèles amis.

1. Dix de *trèfle*.
2. Dix de *pique*.
3. Dix de *carreau*.

Les effets de la haine et de la jalousie feront à la personne manquer un mariage forturé ou un établissement solide.

1. Dix de *trèfle*.
2. Dix de *cœur*.
3. Dix de *carreau*.

La personne trouvera un objet de valeur.

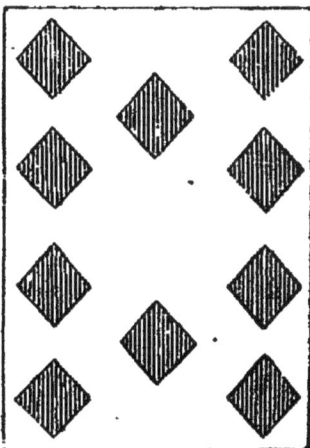

7

1. Dix de *trèfle*.
2. Dix de *cœur*.
3. Dix de *pique*.

Un parent ou un faux ami restituera à la personne peu avant de mourir un bien de conséquence dont il lui avait fait tort.

1. Dix de *carreau*.
2. Dix de *cœur*.
3. Dix de *trèfle*.

La personne aura par la mort d'un ami dans le terme de deux années et quelques mois une succession qui lui fera plaisir.

1. Dix de *carreau*.
2. Dix de *cœur*.
3. Dix de *pique*.

La personne sera obligée de payer une dette qu'elle n'aura pas contractée, par condamnation ou conseils d'amis.

1. Dix de *carreau*.
2. Dix de *trèfle*.
3. Dix de *cœur*.

La personne recevra dans le cours de ce tirage horoscope, nouvelles et restitution d'un bien auquel elle ne s'attendait pas, ce qui lui causera une grande joie.

1. Dix de *carreau*.
2. Dix de *trèfle*.
3. Dix de *pique*.

La personne, pendant plusieurs années, sera inquiétée pour des affaires qui naîtront de l'infidélité d'amis ou de parents.

1. Dix de *carreau*.
2. Dix de *pique*.
3. Dix de *cœur*.

Une injustice criante faite à la personne lui causera une maladie de langueur.

1. Dix de *carreau*.
2. Dix de *pique*.
3. Dix de *trèfle*.

La personne aura une affaire de famille qui lui causera beaucoup chagrin.

1. Dix de *pique*.
2. Dix de *cœur*.
3. Dix de *trèfle*.

La personne donnera le jour à des enfants qui rendront son état heureux.

1. Dix de *pique*.
2. Dix de *cœur*.
3. Dix de *carreau*.

La personne, pour avoir parlé à cœur ouvert et avec trop de confiance avant le temps, perdra une affaire qui aurait fait sa félicité.

1. Dix de *pique*.
2. Dix de *trèfle*.
3. Dix de *cœur*.

La personne réussira avec peu d'argent, mais seulement par son travail, dans une affaire qui assurera le bonheur de sa vie.

1. Dix de *pique*.
2. Dix de *trèfle*.
3. Dix de *carreau*.

La personne fera un voyage sur mer qui ne lui

réussira pas selon ses vues par rapport à son indiscrétion sur l'état de ses affaires.

1. Dix de *pique*.
2. Dix de *carreau*.
3. Dix de *cœur*.

Le peu de connaissance que la personne aura dans une affaire qu'elle osera entreprendre lui enlèvera et son bien et sa réputation.

1. Dix de *pique*.
2. Dix de *carreau*.
3. Dix de *trèfle*.

La personne, jouissant d'un grand bien en confiance, en sera privée dans un moment inattendu par des effets de haine et de jalousie.

LES TROIS NEUFS

1. Neuf de *cœur*.
2. Neuf de *carreau*.
3. Neuf de *trèfle*.

La personne, en dépit des jaloux, gagnera dans le pays étranger, par ses talents et son travail, de quoi vivre le reste de ses jours.

1. Neuf de *cœur*.
2. Neuf de *carreau*.
3. Neuf de *pique*.

La personne sera trompée et on lui volera la plus grande partie de son bien.

1. Neuf de *cœur*.
2. Neuf de *trèfle*.
3. Neuf de *carreau*.

Nouvelles de biens que recevra la personne d'un

pays étranger. Ces biens seront le chemin ouvert à sa félicité.

    1. Neuf de *cœur*.
    2. Neuf de *trèfle*.
    3. Neuf de *pique*.

La personne obtiendra dans le pays étranger biens et honneurs.

    1. Neuf de *cœur*.
    2. Neuf de *pique*.
    3. Neuf de de *trèfle*.

La personne héritera d'un bien considérable que lui laissera en mourant un de ses parents dans le pays étranger.

    1. Neuf de *cœur*.
    2. Neuf de *pique*.
    3. Neuf de *carreau*.

La personne sera élevée dans le pays étranger aux plus hautes charges et dignités, là où elle sera cruellement agitée; mais cependant les actes de la justice l'y feront persévérer jusqu'à la fin de sa vie.

    1. Neuf de *trèfle*.
    2. Neuf de *carreau*.
    3. Neuf de *cœur*.

La personne, dans le pays étranger, trouvera une personne fort riche, mais dans la dernière tristesse. Elle trouvera néanmoins le moyen de rendre le calme à son âme agitée.

    1. Neuf de *trèfle*.
    2. Neuf de *carreau*.
    3. Neuf de *pique*.

La personne sera trompée par deux étrangers.

1. Neuf de *trèfle.*
2. Neuf de *pique.*
3. Neuf de *cœur.*

La personne gagnera dans le pays étranger un lot considérable à la loterie.

1. Neuf de *trèfle.*
2. Neuf de *pique.*
3. Neuf de *carreau.*

Des domestiques étrangers voleront à la personne des effets et de l'argent.

1. Neuf de *trèfle.*
2. Neuf de *cœur.*
3. Neuf de *carreau.*

La personne, au moment qu'elle s'y attendra le moins, trouvera un secret de valeur pour son utilité.

1. Neuf de *trèfle.*
2. Neuf de *cœur.*
3. Neuf de *pique.*

La trop grande vivacité de la personne lui fera perdre une chose de prix qui sera l'objet de ses regrets.

1. Neuf de *carreau.*
2. Neuf de *cœur.*
3. Neuf de *trèfle.*

La personne fera dans le pays étranger une certaine fortune qui la rendra heureuse le reste de sa vie.

1. Neuf de *carreau.*
2. Neuf de *cœur.*
3. Neuf de *pique.*

La personne gagnera dans le pays étranger l'amitié d'un grand qui fera tout son bonheur.

1. Neuf de *carreau.*
2. Neuf de *trèfle.*
3. Neuf de *cœur.*

La personne aura biens et héritages dans le pays étranger.

1 Neuf de *carreau.*
2. Neuf de *trèfle.*
3. Neuf de *pique.*

La personne perdra des successions ou pensions dans le pays étranger par l'infidélité de personnes de confiance.

1. Neuf de *carreau.*
2. Neuf de *pique.*
3. Neuf de *cœur.*

La personne essuiera une perte par le feu.

1. Neuf de *carreau.*
2. Neuf de *pique.*
3. Neuf de *trèfle.*

La personne perdra par l'eau beaucoup de biens, mais sa fortune sera rétablie dans l'espace de quatre années.

1. Neuf de *pique.*
2. Neuf de *cœur.*
3. Neuf de *trèfle.*

La mort de plusieurs parents changera subitement le sort de la personne en bien.

1. Neuf de *pique.*
2. Neuf de *cœur.*
3. Neuf de *carreau.*

La mort et les maladies causeront beaucoup de changement à l'état et à la fortune de la personne,

qui, pour réparer ses pertes, ira dans le pays étranger.

1. Neuf de *pique*.
2. Neuf de *trèfle*.
3. Neuf de *cœur*.

Deux personnes riches et d'un grand crédit feront la fortune de la personne.

1. Neuf de *pique*.
2. Neuf de *trèfle*.
3. Neuf de *carreau*.

L'inconstance de la personne en amour et sa confiance mal placée lui feront perdre un établissement considérable.

1. Neuf de *pique*.
2. Neuf de *carreau*.
3. Neuf de *cœur*.

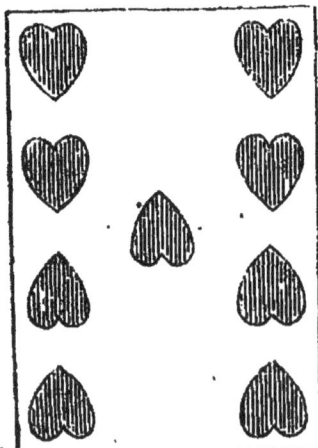

La personne répondra pour deux de ses amis; elle sera ensuite obligée de payer pour eux.

1. Neuf de *pique*.
2. Neuf de *carreau*.
3. Neuf de *trèfle*.

La personne, dans le pays étranger, perdra des procès par suite de sa légèreté d'esprit et de son inexpérience des affaires.

LES TROIS HUIT

1. Huit de *cœur*.
2. Huit de *carreau*.
3. Huit de *trèfle*.

Longue vie et prospérité inattendue.

1. Huit de *cœur*.
2. Huit de *carreau*.
3. Huit de *pique*.

Longue vie, prospérité de réussites.

1. Huit de *cœur*.
2. Huit de *trèfle*.
3. Huit de *carreau*.

Longue vie pour la personne, grande considération et honneur distinctif.

1. Huit de cœur.
2. Huit de *trèfle*.
3. Huit de *pique*.

La personne triomphera de ses ennemis et vivra heureuse et contente jusqu'à la mort.

1. Huit de *cœur*.
2. Huit de *pique*.
3. Huit de *trèfle*.

La personne sera secourue par des parents ou amis.

1. Huit de *cœur*.
2. Huit de *pique*.
3. Huit de *carreau*.

Vos talents vous attireront des jaloux.

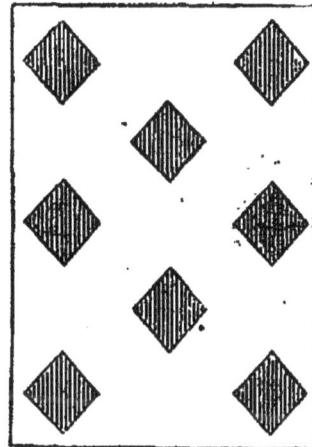

1. Huit de *trèfle*.
2. Huit de *carreau*.
3. Huit de *cœur*.

La personne se jouera entièrement de la jalousie et de la haine qu'on emploie pour la vexer dans l'état honorable et lucratif qu'elle possède.

1. Huit de *trèfle*.
2. Huit de *carreau*.
3. Huit de *pique*.

La vie de la personne sera troublée quelquefois par de faux parents ou amis.

1. Huit de *trèfle*.
2. Huit de *pique*.
3. Huit de *cœur*.

La personne vivra longtemps et aura des successions.

1. Huit de *trèfle*.
2. Huit de *pique*.
3. Huit de *carreau*.

Les effets de l'ambition de la personne feront que ses affaires traîneront en longueur.

1. Huit de *trèfle*.
2. Huit de *cœur*.
3. Huit de *carreau*.

La personne aura d'heureux événements soit à la guerre, soit en amour ou entreprises hasardeuses.

1. Huit de *trèfle*.
2. Huit de *cœur*.
3. Huit de *pique*.

La personne réussira dans ses affaires ou entreprises.

1. Huit de *carreau*.
2. Huit de *cœur*.
3. Huit de *trèfle*.

La personne épousera une fille de grande naissance.

1. Huit de *carreau*.
2. Huit de *cœur*.
3. Huit de *pique*.

Longue vie en discorde de société.

1. Huit de *carreau*.
2. Huit de *trèfle*.
3. Huit de *cœur*.

La personne sera heureuse en société et traité de commerce, tant par mer que par terre.

1. Huit de *carreau*.
2. Huit de *trèfle*.
3. Huit de *pique*.

La personne mènera une vie tranquille et paisible pendant un certain temps; mais bientôt ses affaires seront dérangées par une mauvaise conduite.

1. Huit de *carreau*.
2. Huit de *pique*.
3. Huit de *cœur*.

La personne aura de l'esprit et du courage pour éviter les piéges lui tendront des traîtres.

1. Huit de *carreau*.
2. Huit de *pique*.
3. Huit de *trèfle*.

La personne jouira d'une bonne santé et aura beaucoup de plaisir sur la terre.

Toutes ses entreprises lui réussiront et elle verra sa fortune s'augmenter.

1. Huit de *pique*.
2. Huit de *cœur*.
3. Huit de *trèfle*.

La justice de la personne jointe à ses talents la fera aimer de ceux qui traiteront avec elle.

1. Huit de *pique*.
2. Huit de *cœur*.
3. Huit de *carreau*.

La personne aura des agréments et de cœur et d'esprit.

1. Huit de *pique*.
2. Huit de *trèfle*.
3. Huit de *cœur*.

Longue attente et longue vie d'espérance dont la fin sera heureusement couronnée.

1. Huit de *pique*.
2. Huit de *trèfle*.
3. Huit de *carreau*.

Longue vie, mais peu désirée, par les maladies qui troubleront la personne dans la vieillesse.

1. Huit de *pique*.
2. Huit de *carreau*,
3. Huit de *cœur*.

La personne jouira longtemps des plaisirs et des satisfactions des sens, dont les suites seront dangereuses.

1. Huit de *pique*.
2. Huit de *carreau*.
3. Huit de *trèfle*.

La trahison ne nuira point à la personne, et la mort d'un parent la rendra heureuse.

LES TROIS SEPT

1. Sept de *cœur*.
2. Sept de *carreau*.
3. Sept de *trèfle*.

La personne aura une maladie d'amour qui aura une fin heureuse.

1. Sept de *cœur*.
2. Sept de *carreau*.
3. Sept de *pique*.

La personne sera amoureuse et jalouse. Cette maladie se passera par les soins et l'amitié.

1. Sept de *cœur*.
2. Sept de *trèfle*.
3. Sept de *carreau*.

Les effets de la jalousie et de la haine rendront la personne malade; mais cette maladie sera de courte durée.

1. Sept de *cœur*.
2. Sept de *trèfle*.
3. Sept de *pique*.

La personne jouira longtemps du fruit de ses travaux. Une courte maladie terminera ses jours.

1. Sept de *cœur*.
2. Sept de *pique*.
3. Sept de *trèfle*.

La personne gagnera l'estime, l'attachement et le cœur d'une personne bienfaisante, qui la fera jouir d'une vie agréable.

La protection d'un personnage haut placé la favorisera dans toutes ses actions.

1. Sept de *cœur*.
2. Sept de *pique*.
3. Sept de *carreau*.

L'ambition de vouloir posséder beaucoup de biens donnera lieu de repentir à la personne.

1. Sept de *trèfle*.
2. Sept de *carreau*.
3. Sept de *pique*.

La personne sera blessée au service de son maître qui lui fera une pension pour la dédommager de son infirmité.

1. Sept de *trèfle*.
2. Sept de *carreau*.
3. Sept de *cœur*.

La personne, pour obliger des amis qui lui en témoigneront leur reconnaissance par la plus noire ingratitude, négligera ses propres affaires.

1. Sept de *trèfle*.
2. Sept de *pique*.
3. Sept de *cœur*.

La personne sera sauvée d'un naufrage avec tous ses biens par deux fidèles parents ou amis.

1. Sept de *trèfle*.
2. Sept de *pique*.
3. Sept de *carreau*.

La personne gagnera par le feu. On expliquera ce gain relativement à l'état de la personne.

1. Sept de *trèfle*.
2. Sept de *cœur*.
3. Sept de *carreau*.

Un chien sauvera la vie à la personne en la retirant d'entre les mains de deux assassins.

1. Sept de *trèfle*.
2. Sept de *cœur*.
3. Sept de *pique*.

Un ami de la personne lui ouvrira sa bourse pour la soulager dans un revers de fortune.

1. Sept de *carreau*.
2. Sept de *cœur*.
3. Sept de *trèfle*.

La personne, après avoir lutté longtemps contre la misère, causée par la jalousie, fera un heureux établissement qui fera le bonheur de sa vie.

1. Sept de *carreau*.
2. Sept de *cœur*.
3. Sept de *pique*.

La personne, avant de se marier, ressentira des peines d'esprit mortelles.

1. Sept de *carreau*.
2. Sept de *trèfle*.
3. Sept de *cœur*.

Une grossesse causera de l'inquiétude à la personne.

1. Sept de *carreau*.
2. Sept de *pique*.
3. Sept de *cœur*.

La personne, par faiblesse, s'affligera extrêmement sur une maladie causée par l'amour.

1. Sept de *carreau*.
2. Sept de *pique*.
3. Sept de *trèfle*.

Une banqueroute rendra la personne malade.

1. Sept de *pique*.
2. Sept de *cœur*.
3. Sept de *trèfle*.

La personne, après un long tourment, obtiendra l'objet désiré.

1. Sept de *pique*.
2. Sept de *cœur*.
3. Sept de *carreau*.

La personne, après avoir longtemps soupiré, aura enfin les faveurs désirées.

1. Sept de *pique*.
2. Sept de *trèfle*.
3. Sept de *cœur*.

La personne, par le moyen de l'argent et avec le secours d'amis, obtiendra satisfaction et prospérité de ses peines et travaux.

1. Sept de *pique*.
2. Sept de *trèfle*.
3. Sept de *carreau*.

La personne restera quelque temps sans travailler par rapport à l'infidélité de deux prétendus amis.

1. Sept de *pique*.
2. Sept de *carreau*.
3. Sept de *cœur*.

La personne perdra de l'argent au jeu de hasard

par l'infidélité de plusieurs amis.

1. Sept de *pique*.
2. Sept de *carreau*.
3. Sept de *trèfle*.

La personne ne gagnera presque jamais aux loteries, excepté une seule fois qu'elle y aura une somme honnête.

LES TROIS DEUX

1. Deux de *cœur*.
2. Deux de *carreau*.
3. Deux de *trèfle*.

Assemblée de parents ou d'amis bienfaisants qui concourront à aider la personne dans une entreprise qui lui réussira.

1. Deux de *cœur*.
2. Deux de *carreau*.
3. Deux de *pique*.

Réunions de faux parents ou amis qui trahiront la personne très-sensiblement; mais elle en aura satisfaction.

1. Deux de *cœur*.
2. Deux de *trèfle*.
3. Deux de *carreau*.

La personne sera trahie par un ami qu'elle croyait lui être fidèle. Le temps et la patience la vengeront.

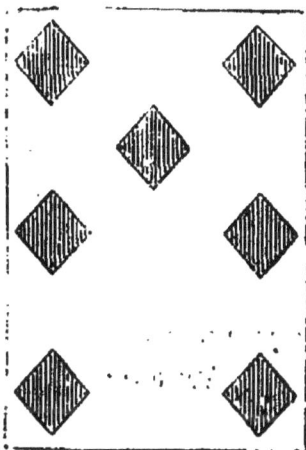

8

1. Deux de *cœur*.
2. Deux de *trèfle*.
3. Deux de *pique*.

La personne, par le secours d'un grand et d'un ami, tirera une vengeance pleine et entière de son ennemi.

1. Deux de *cœur*.
2. Deux de *pique*.
3. Deux de *trèfle*.

La personne, par le moyen d'un fidèle ami, trouvera un chemin ouvert à ses travaux qui satisfera son ambition.

1. Deux de *cœur*.
2. Deux de *pique*.
3. Deux de *carreau*.

La personne, par les soins d'un ami, découvrira la jalousie d'un faux parent, qu'elle fera chasser de la société avec confusion.

1. Deux de *trèfle*.
2. Deux de *carreau*.
3. Deux de *cœur*.

La personne, soutenue d'un ami, recouvrera l'attachement et la protection d'un grand, qu'elle avait perdue par les faussetés qu'avait tenues contre elle un être jaloux de son bonheur.

1. Deux de *trèfle*.
2. Deux de *carreau*.
3. Deux de *pique*.

La personne se laissera séduire par des flatteurs au point de faire injustice à deux parents ou vrais amis.

1. Deux de *trèfle*.
2. Deux de *pique*.
3. Deux de *cœur*.

Un ami très-attaché à la personne lui découvrira par bonté d'âme une affaire criminelle, tramée contre elle par les effets de l'ambition de deux faux amis pour avoir sa dépouille. Ils n'auront pas cet avantage qu'ils se promettaient, vu que la personne sera avertie à temps.

1. Deux de *trèfle*.
2. Deux de *pique*.
3. Deux de *carreau*.

Un ami prendra le parti de la personne dans une assemblée et la fera triompher des mauvais procédés des parents, amis, ennemis et jaloux.

1. Deux de *trèfle*.
2. Deux de *cœur*.
3. Deux de *carreau*.

La sincérité d'un ami découvre à la personne la jalousie d'un autre qu'elle a regardé jusqu'à ce jour comme son intime, et l'aide à s'en débarrasser pour le reste de sa vie.

1. Deux de *trèfle*.
2. Deux de *cœur*.
3. Deux de *pique*.

La personne trouve en faute un ami en qui elle avait toute sa confiance.

1. Deux de *carreau*.
2. Deux de *cœur*.
3. Deux de *trèfle*.

La personne triomphera de la jalousie et de ses effets dans l'état où elle sera.

1. Deux de *carreau*.
2. Deux de *cœur*.
3. Deux de *pique*.

La personne perdra une partie de ses emplois, commerce ou biens par l'effet de la jalousie et de la haine.

1. Deux de *carreau*.
2. Deux de *trèfle*.
3. Deux de *cœur*.

La personne rentrera en grâce avec ses parents ou amis et cette réconciliation lui méritera beaucoup de bienfaits de la part de ces personnes-là.

1. Deux de *carreau*.
2. Deux de *trèfle*.
3. Deux de *pique*.

La personne perdra un ami fidèle et bienfaisant par la trahison des personnes qu'elle aura obligées.

1. Deux de *carreau*.
2. Deux de *pique*.
3. Deux de *cœur*.

La personne sera molestée en une partie de ses biens. Elle sera chagrinée; mais elle obtiendra avec les protections dont elle sera honorée restitutions et réparations avec les dommages.

1. Deux de *carreau*.
2. Deux de *pique*.
3. Deux de *trèfle*.

La personne deviendra par la jalousie l'ennemie de son meilleur ami et aura lieu de s'en repentir.

1. Deux de *pique*.
2. Deux de *cœur*.
3. Deux de *trèfle*.

La personne, par les soins d'un ami, recouvre une dette dont on lui avait fait banqueroute.

1. Deux de *pique*.
2. Deux de *cœur*.
3. Deux de *carreau*.

La personne perdra du bien qu'elle aura mis en dépôt chez une personne de confiance, ce qui lui fera un tort considérable.

1. Deux de *pique*.
2. Deux de *trèfle*.
3. Deux de *cœur*.

La personne aura pour héritage d'un parent avare de l'argent ét des biens-fonds.

1. Deux de *pique*.
2. Deux de *trèfle*.
3. Deux de *carreau*.

La personne, dont on ternit la réputation en présence d'un ami qui prend sa défense, est punie de son insolence.

1. Deux de *pique*.
2. Deux de *carreau*.
3. Deux de *cœur*.

La personne sera mortifiée en pleine assemblée par des personnes jalouses.

1. Deux de *pique*.
2. Deux de *carreau*.
3. Deux de *trèfle*.

Des domestiques de confiance voleront à la personne des effets d'un grand prix.

LES TROIS AS

1. As de *cœur*.
2. As de *carreau*.
3. As de *trèfle*.

La personne gagnera l'estime et la confiance d'un grand qui augmentera sa fortune.

1. As de *cœur*.
2. As de *carreau*.
3. As de *pique*.

La personne sera trompée par un ami de confiance qui s'enrichira à ses dépens.

1. As de *cœur*.
2. As de *trèfle*.
3. As de *carreau*.

La personne découvrira la trahison préméditée par de faux amis. Elle le fera connaître d'une manière justificative à leurs supérieurs mutuels, qui mépriseront souverainement les traîtres et honoreront à l'avenir la personne de leur confiance.

1. As de *cœur*.
2. As de *trèfle*.
3. As de *pique*.

Une naissance causera à la personne joie et prospérité de biens.

1. As de *cœur*.
2. As de *pique*
3. As de *trèfle*.

Par un effet du hasard, la personne obtiendra l'estime d'un souverain qui la rendra riche et respectable.

1. As de *cœur*.
2. As de *pique*.
3. As de *carreau*.

La personne dans un jardin ou un bois trouvera un heureux coup du sort qui lui fera passer des jours agréables durant sa vie.

1. As de *trèfle*.
2. As de *carreau*.
3. As de *cœur*.

La personne, aidée de vrais amis, aura beaucoup de choses favorables.

1. As de *trèfle*.
2. As de *carreau*.
3. As de *pique*.

La personne ne sera heureuse ni en amour ni en amitié.

1. As de *trèfle*.
2. As de *pique*.
3. As de *cœur*.

La personne sera aimée de toutes celles qu'elle fréquentera et elle en obtiendra des bienfaits.

1. As de *trèfle*.
2. As de *pique*.
3. As de *carreau*.

La personne sera payée d'ingratitude pour de l'argent prêté sans intérêt.

1. As de *trèfle*.
2. As de *cœur*.
3. As de *carreau*.

La personne gagnera à la loterie une somme immense.

1. As de *trèfle*.
2. As de *cœur*.
3. As de *pique*.

La personne captivera par des présents le cœur d'une jeune personne. Elle en recevra de la joie et un service essentiel dans un cas de besoin pressant.

1. As de *carreau*.
2. As de *cœur*.
3. As de *trèfle*.

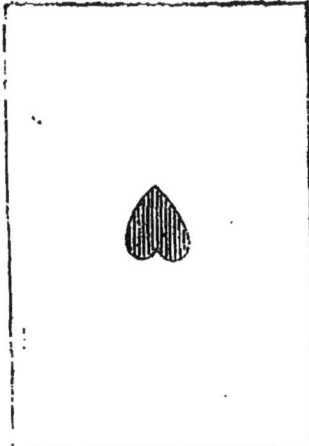

La personne aura en héritage une somme en argent et beaucoup d'effets qui rendront ses entreprises fructueuses.

1. As de *carreau*.
2. As de *cœur*.
3. As de *pique*.

La personne sera cruellement molestée par ses parents ou associés par intérêt et jalousie.

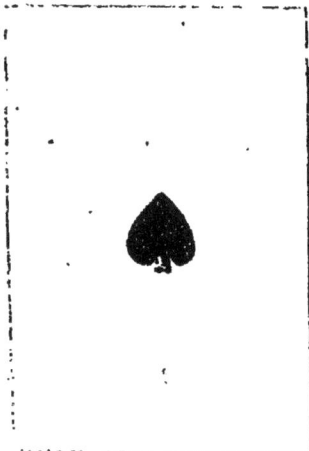

1. As de *carreau*
2. As de *trèfle*.
3. As de *cœur*.

Honneur et justice seront rendus aux mérites de la personne; les bienfaits s'ensuivront avec élévation, fortune et honneurs de toutes sortes.

1. As de *carreau*.
2. As de *trèfle*.
3. As de *pique*.

L'amitié sincère d'une femme mettra par les effets de la jalousie le feu à la maison de la personne et ce sera son fidèle ami qui la préservera de cet accident.

1. As de *carreau*.
   As de *pique*.
3. As de *cœur*.

Ingratitude et intérêts de prétendus amis rendront les travaux de la personne pour un temps infructueux; et souvent le poids de ses affaires pénibles joint à la patience, et au courage, la fera triompher.

1. As de *carreau*.
2. As de *pique*.
3. As de *trèfle*.

Agréables nouvelles d'un héritage dont on avait été privé pour un temps.

1. As de *pique*.
2. As de *cœur*.
3. As de *trèfle*.

La personne sollicitera vivement un meilleur état que le sien. Ses sollicitations lui réussiront à souhait.

1. As de *pique*.
2. As de *cœur*.
3. As de *carreau*.

La personne se confiera à deux autres qui la tromperont d'une portion capitale du bien qu'elle leur a confié.

1. As de *pique*.
2. As de *trèfle*.
3. As de *cœur*.

La personne aura satisfaction d'une injustice qui lui aura fait beaucoup de peine. Cette satisfaction, jointe à un gain considérable, la rétablira honorablement.

1. As de *pique*.
2. As de *trèfle*.
3. As de *carreau*.

Les effets de faux rapports causeront à la personne de cuisants chagrins.

1. As de *pique*.
2. As de *carreau*.
3. As de *cœur*.

La personne, d'un caractère naturellement bon et bienfaisant, en élèvera plusieurs autres à des états heureux et même au-dessus de leurs espérances; la plus grande partie la paieront d'ingratitude.

1. As de *pique*.
2. As de *carreau*.
3. As de *trèfle*.

La personne se fera des jaloux par ses talents, mérites et services rendus. Elle souffrira quelques mortifications qui s'effaceront par la justice et la raison.

CHAPITRE IV

ART DE TIRER LES CARTES D'APRÈS LA MÉTHODE D'ETEILLA

Vous prenez un jeu de piquet, trente-deux cartes auxquelles vous ajoutez une carte blanche, ce qui se fait en effaçant un as quelconque d'un autre jeu ; cette carte représente le consultant.

Commencez par écrire les noms et la valeur de vos cartes, comme je vais vous le désigner, c'est-à-dire tels que le premier inventeur de la cartomancie nous l'apprend dans un très-ancien manuscrit dont je suis possesseur. Que la demi-science ne se récrie point sur l'expression *très-ancien ;* car j'ai l'avantage de lui dire que le tirage de cartes ne date pas de l'invention des cartes, mais du jeu des trente-trois bâtons d'*Alpha*, nom d'un Grec réfugié en Espagne, et qui prédisait l'avenir.

Sur la carte blanche, vous écrivez *Etteilla*, ou vous ne l'écrivez pas ; mais vous serez toujours représenté par cette carte numérotée 1.

Nous donnons ci-après la signification sommaire de chacune des cartes : vous aurez eu le soin de marquer sur chacune le haut et le bas, afin d'être assuré que cette carte vient droite ou renversée ; pour cela, vous vous procurerez un jeu de cartes à une seule tête, et vous marquerez le haut et le bas sur l'as, le huit, le neuf; sans cette précaution, il vous serait impossible de reconnaître si la carte vient droite ou autrement.

SIGNIFICATION DES CARTES D'APRÈS ETTEILLA

Le n° 1   représente le Etteilla.

Le n° 2. Le roi de carreau sur son assiette signifie un Homme.

—   Renversé, c'est un autre Homme.

Le n° 3. La dame est une Femme.

—   R.   une autre Femme.

Le n° 4. Le valet signifie Militaire.

—   R.   —   Domestique.

Le n° 5. L'as   —   Lettre.

—   R.   —   Billet.

Le n° 6. Le dix   —   Or.

—   R.   —   Trahison.

Le n° 7. Le neuf   —   Retard.

—   R.   —   Entreprise.

Le n° 8. Le huit   —   Campagne.

—   R.   —   Chagrin.

Le n° 9. Le sept   —   Caquets.

—   R.   —   Naissance.

Le n° 10. Le roi de cœur signifie Homme blond.

—   R.   —   châtain blond.

Le n° 11. La dame   —   Femme blonde.

—   R.   —   châtaine blonde.

Le n° 12. Le valet   —   Garçon blond.

—   R.   —   châtain blond.

L'as n'a point de n°.	—	Mars.
— R.	—	Table extraordinaire.
Le n° 13. Le dix	—	Ville.
— R.	—	Héritage.
Le n° 14. Le neuf	—	Victoire.
— R.	—	Ennui.
Le n° 15. Le huit	—	Fille blonde.
— R.	—	châtaine blonde.
Le n° 16. Le sept	—	la Pensée.
— R.	—	Désir.
Le n° 17. Le roi de pique signifie		Homme de robe.
— R.	—	Homme veuf.
Le n° 18. La dame	—	Femme veuve.
— R.	—	Femme du monde
Le n° 19. Le valet	—	Envoyé.
— R.	—	Espion.
L'as n'a point de n°.	—	Vénus.
— R.	—	Grossesse.
Le n° 20. Le dix	—	Pleurs.
— R.	—	Pertes.
Le neuf n'a point de n°.	—	Ecclésiastique.
— R.	—	Saturne.
Le n° 21. Le huit	—	Maladie.
— R.	—	Religieuse.
Le n° 22. Le sept	—	Espérance.
— R.	—	Amitié.
Le n° 23. Le roi de trèfle signifie		Homme brun.
— R.	—	châtain brun.
Le n° 24. La dame	—	Femme brune.
— R.	—	châtaine brune.

Le n° 25.	Le valet	—	Garçon brun.
—	R.	—	Châtain brun.
Le n° 26.	L'as	—	Bourse d'argent.
—	R.	—	Noblesse.
Le n° 27.	Le dix ·	—	Maison.
—	R.	—	Amant.
Le n° 28.	Le neuf	—	Effet.
—	R.	—	un Présent.
Le n° 29.	Le huit	—	Fille brune.
—	R.	—	châtaine brune
Le n° 30.	Le sept	—	Argent.
—	R.	—	Embarras.

SIGNIFICATION DES NUMÉROS.

N° 1 ne dit rien.

N° 2 représente Fidélité.

N° 3   —   l'Air.

N° 4   —   Fierté.

N° 5   —   Solitude.

N° 6   —   l'Eau.

N° 7   —   Pauvreté.

N° 8   —   Richesses.

N° 9   —   le Présent.

N° 10   —   Remarque dans la figure.

N° 11   —   Inconstance.

N° 12   —   Générosité.

N° 13   —   Envieux.

N° 14   —   Curiosité.

N° 15   —   Fleurs.

N° 16   —   Cœur.

N° 17   —   Science.

N° 18	—	Vie.
N° 19	—	Compagnie.
N° 20	—	Jalousie.
N° 21	—	Prudence.
N° 22	—	Force.
N° 23	—	Moins.
N° 24	—	Bavard.
N° 25	—	Esprit.
N° 26	—	Orphelin.
N° 27	—	l'Avenir.
N° 28	—	Indiscrétion.
N° 29	—	Art.
N° 30	—	Haine.

SIGNIFICATION DES NUMÉROS RENVERSÉS.

N° 1	n'a point ici de signification.
N° 2	signifie Père.
N° 3	— Mère.
N° 4	— Parent.
N° 5	— Beau-père.
N° 6	— Commencement.
N° 7	— Avantage.
N° 8	— Fin.
N° 9	— Bon.
N° 10	— Tuteur.
N° 11	— Belle-mère.
N° 12	— Enfant.
N° 13	— Mariage forcé.
N° 14	— Empêchement.
N° 15	— Sœur.
N° 16	— Hypocrisie.

No 17	—	Faiblesse de bravoure.
No 18	—	Avarice.
No 19	—	Rapt.
No 20	—	le Feu.
No 21	—	Ambition.
No 22	—	Indécision.
No 23	—	Époux.
No 24	—	Épouse.
No 25	—	Frère.
No 26	—	Rancune.
No 27	—	le Passé.
No 28	—	Jeux.
No 29	—	Éloignement.
No 30	—	la Terre.

A COTÉ, SUR LA GAUCHE DU ETEILLA

Le roi de carreau signifie Or sur vous.

La dame	—	Caractère.
Le valet	—	On vous attend.
L'as	—	Pressant besoin.
Le dix	—	Chute.
Le neuf	—	Chasteté.
Le huit	—	Sagesse.
Le sept	—	Beaucoup.
Le roi de cœur	—	Cloître.
La dame	—	Plus.
Le valet	—	Superstition.
L'as	—	Méfiance.
Le dix	—	Sincérité.
Le neuf	—	Désespoir.
Le roi de pique	—	Innocent dans les fers.

La dame	—	Trahison.
Le valet	—	Mariage double.
L'as	—	Abandon.
Le dix	—	Inhumanité.
Le neuf	—	Humanité.
Le huit	—	Dû.
Le sept.	—	Dettes.
Le huit	—	Solitude.
Le sept	—	Procès.
Le roi de trèfle	—	Inimitié.
La dame	—	Injustice.
Le valet	—	Flatterie.
L'as	—	Prison.
Le dix	—	Grand.
Le neuf	—	Ingratitude.
Le huit	—	Faiblesse.
Le sept	—	Imagination.

L'on observera que toutes ces cartes, sur leurs assiettes ou renversées, auront les mêmes significations, étant, comme je dis, à côté du Etteilla.

SIGNIFICATION DES CARTES ENSEMBLE SUR LEURS ASSIETTES.

4 rois	signifient	Grand honneur.
4 dames	—	Grand pourparler.
4 valets	—	Maladie.
4 as	—	Loterie.
4 dix	—	Repris de justice.
4 neuf	—	Bon citoyen.
4 huit	—	Revers.
4 sept	—	Intrigues.

3 rois	—	Consultation.
3 dames	—	Tromperie de femme.
3 valets	—	Disputes.
3 as	—	Petite réussite.
3 dix	—	Nouvel état.
3 neuf	—	Grande réussite.
3 huit	—	Mariage.
3 sept	—	Infirmités.
2 rois	—	Petit conseil.
2 dames	—	Amis.
2 valets	—	Inquiétudes.
2 as	—	Duperies.
2 dix	—	Changement.
2 neuf	—	Petit argent.
2 huit	—	Nouvelle connaissance.
2 sept	—	Petite nouvelle.

SIGNIFICATION DE PLUSIEURS CARTES RENVERSÉES.

4 rois	—	Subitement.
4 dames	—	Mauvaise société de femmes.
4 valets	—	Privation.
4 as	—	Déshonneurs.
4 dix	—	Événements.
4 neuf	—	Usure.
4 huit	—	Erreur.
4 sept	—	Affreux-citoyen.
3 rois	—	Commerce.
3 dames	—	Gourmandise.
3 valets	—	Paresse.
3 as	—	Libertinage.

3 dix	—	Manque.
3 neuf	—	Imprudence.
3 huit	—	Spectacle.
3 sept	—	Joie.
2 rois	—	Projet.
2 dames	—	Ouvrier.
2 valets	—	Société.
2 as	—	Ennemi.
2 dix	—	Attente.
2 neuf	—	Profits.
2 huit	—	Traverses.
2 sept	—	Conduite.

CHAPITRE V

DIFFÉRENTES MANIÈRES DE TIRER LES CARTES

MANIÈRE DE TIRER LES CARTES PAR SEPT.

Prenez un jeu de trente-deux cartes, comptez-les jusqu'à six, et mettez la septième à part; continuez en reprenant celles que vous avez mises en tas par six et recommencez l'opération jusqu'à ce que les septièmes, qui ont été mises à part, soient arrivées au nombre de douze.

Ces douze cartes, vous les étendez sur la table les unes à côté des autres; et si la personne pour qui vous opérez n'est pas sortie, alors vous prenez l'une des dames qui se trouve sortie, et qui est de la couleur de la personne; même chose pour un homme, vous prenez un des rois, et s'il n'y a ni dame ni roi, alors vous le prenez en sept, comme un sept de trèfle ou sept de cœur.

Lorsque toutes vos cartes sont sur la table, alors vous cherchez s'il y a plusieurs rois ou plusieurs dames, etc.

Trois rois annoncent *réussite;* quatre rois, *déménagement* ou *changement de lieu.*

Quatre dames, *grande querelle entre femmes, réussite pour hommes;* trois dames, *indécision.*

Quatre valets, *grand bacchanal;* trois valets, *indécision.*

Quatre as, *réussite complète* ou *entrée de quelqu'un;* trois as, *indécision.*

Quatre dix, *réussite;* trois dix, *indécision.*

Quatre neuf, *grande surprise;* trois neuf, *indécision.*

Quatre huit, *réussite complète;* trois huit, *jalousie.*

Quatre sept, *enfants;* trois sept, *querelle.*

Après que vous avez examiné la valeur de l'accouplement de toutes ces cartes, vous procédez de la manière suivante :

Vous commencez par la carte qui représente la personne, et vous dites : 1, 2, 3, 4, 5, 6, 7; dites alors la valeur de cette septième carte, et ensuite recomptez à commencer de la huitième, 1, 2, 3, 4, 5, 6, 7, etc., etc., et continuez à compter ainsi à plusieurs reprises jusqu'à ce que la septième tombe sur la personne ; alors cette manière est terminée.

Pour voir si on réussira dans ce qu'on désire, vous commencez par la carte de la personne, et vous dites as, 7, 8, 9, 10, valet, dame et roi ; vous avez soin de retirer toutes les cartes qui représentent celles que vous avez appelées et vous recommencez ce manége jusqu'à ce qu'il n'en reste plus qu'une. Si elles ne sortent pas toutes, alors la réussite est manquée ou il y a retard.

Cela étant fait, vous prenez vos douze cartes, les mêlez et faites couper ; ensuite vous les divisez en quatre paquets, en disant : *pour vous, pour la maison, pour ce qui en sera et pour la surprise.*

Vous défilez alors le reste de vos cartes sur les trois premiers paquets sans rien mettre sur la carte de surprise. Quand vos deux paquets sont couverts, alors vous les expliquez, sans regarder la carte de surprise.

Vous recommencez trois fois ce tirage, en ayant soin à chaque nouveau tirage de mettre une carte sur le tas de la surprise, et chaque fois vous expliquerez les cartes des trois premiers tas, ayant soin de n'expliquer le tas de la surprise qu'au bout du troisième tirage, et alors le tas de surprise doit avoir trois cartes.

MANIÈRE DE TIRER LES CARTES PAR DOUZE.

Après avoir coupé, vous arrangerez 12 cartes telles qu'elles viennent, une à une, à la file l'une de l'autre, comme vous les voyez dépeintes; retournez la treizième, et mettez celle de dessous le talon sur la table, qui est la quatorzième; observez que la première carte se trouve vis-à-vis de vous, sur votre droite, et la dernière en suivant jusqu'à la fin, telles que vous les voyez numérotées sous les cartes; car tel numéro n'est mis que pour mieux m'expliquer, ou me faire entendre.

Voilà donc la forme que doit avoir le coup de douze, car les deux du talon, bien qu'elles parlent par leurs significations, ne comptent point dans le nombre.

MANIÈRE DE TIRER LES CARTES PAR VINGT-SEPT.

On tire 27 cartes, et on les pose 9 à 9, telles que vous les voyez; les quatre dernières sont ce que l'on met au néant, et ce qu'il faut expliquer comme choses dans la vie que l'on met au rebut.

Pour les significations des rois, dames, etc., ensemble, on les rencontre des numéros deux à deux.

Vous ne les expliquerez que dans chaque rangée de 9, et non dans les 27 ensemble; mais ce n'est pas tout : l'on ne pose point ces cartes comme le coup de 12; l'on met la première venant après la coupe au n° 21, la deuxième au n° 19, la troisième au n° 10, et l'on recommence jusqu'à 27 en suivant la même route.

LA ROUE DE FORTUNE.

L'on prend l'Etteilla, et on le met au milieu; après, on bat bien les cartes, se ressouvenant de les mettre toujours tête-bêche, en les mêlant, et on coupe. On pose la colonne A, ensuite la colonne B, en commençant à toutes les deux par en bas; ensuite on pose la roue, en commençant par la carte du bas; et en dernier, on pose le chapiteau en commençant par la carte de droite.

La colonne A est le passé; la colonne B est l'avenir; le chapiteau est le présent; les quatre premières de la roue s'expliquent avec le passé; les quatre dernières avec la colonne B, et les cinq du milieu de la roue avec le chapiteau.

Pour formuler un oracle, on commence par lire la colonne A qui instruira des événements passés et inconnus; on passera ensuite au chapiteau pour connaître le présent, et on finira par la colonne B qui instruira de l'avenir. Les quatre cartes placées à côté de la colonne A, les cinq situées au-dessous du chapiteau et les quatre qui se trouvent près de la colonne B serviront à compléter le sens de chacune des colonnes désignées ci-dessus.

MANIÈRE DE TIRER LES CARTES PAR QUINZE.

Vous prenez un jeu composé de 32 cartes, vous les battez, et après vous faites couper les cartes à la personne pour qui vous les faites; après les avoir battues et coupées, vous remettez vos cartes et vous en faites deux tas à peu près égaux; vous demandez à la personne quel tas elle juge à propos de prendre pour elle; pour lors vous ôtez la première que vous mettez de côté, qui est la carte de réserve; puis vous retournez le reste du paquet que la personne a choisi sur la table et vous en faites l'explication selon leur rencontre.

EXEMPLE.

Supposons qu'on tire les cartes, après les avoir battues et coupées, et que dans le tas que la personne a choisi il se trouve quinze cartes, l'as de cœur, le neuf de trèfle, le roi de cœur, le dix de carreau, le neuf de cœur, le huit de cœur, l'as de carreau, le sept de trèfle, le sept de carreau, le sept de cœur et le huit de trèfle, carte de réserve.

Voici la solution des quinze cartes : l'as de cœur étant suivi du neuf de trèfle, du roi de cœur, du dix de carreau, du neuf de cœur, du huit de cœur et de l'as de carreau, ces sept premières cartes signifient grand profit et grande réussite dans les affaires. Valet de carreau, dame de pique, as de trèfle, neuf de carreau, sept de trèfle, sept de carreau, sept de cœur, et la carte de surprise étant le huit de trèfle, ces huit cartes, suivies des sept autres, annoncent surprise d'un militaire, campagne et grand bénéfice, pour telle personne que ce soit. Voilà donc la première solution de vos quinze cartes.

Pour lors, vous reprenez vos quinze cartes que vous rebattez, vous en faites trois tas, et vous mettez toujours une carte à part, après avoir fait couper les cartes par la personne; cela se fait par trois fois. Vous observerez que pour la carte, l'on prend ou la première carte ou la dernière. Vous demanderez à la personne quel tas elle prend pour elle, dans le tas choisi, s'y trouvant le neuf de carreau, le dix de carreau, le roi de cœur, le sept de trèfle et l'as de carreau, c'est un homme qui se propose d'aller à la campagne pour la personne pour qui on les fait, et qui lui fera part d'une bonne nouvelle. Le second tas étant pour la maison, s'y trouvant le sept de carreau, le neuf de trèfle, l'as de trèfle et le valet de carreau *renversé*, signifie homme de bien qui s'intéresse pour la personne, et grande réussite pour ce que la personne se promet.

Le tas pour ce que l'on n'attend pas se trouvant le huit de cœur, le huit de trèfle, le neuf de cœur devant la dame de pique, c'est grand héritage pour la personne à qui on les fait : la carte de surprise étant le huit de cœur, c'est grande espérance.

SECONDE EXPLICATION DES TROIS TAS.

Si dans le tas que la personne a choisi se trouvent le roi de cœur, le sept de carreau, le neuf de trèfle et le valet de carreau, cela signifie un grand héritage.

Le second tas, étant le sept de trèfle, l'as de cœur, la dame de pique, le huit de trèfle et le huit de cœur, signifie grand gain, soit héritage ou autre.

Le tas pour ce que l'on n'attend pas, étant le neuf de carreau, le dix de carreau, l'as de carreau, le sept et le neuf de cœur, signifie une lettre retenue pour la personne, mais une lettre avantageuse qu'elle recevra au bout de huit jours : la carte à part étant l'as de trèfle, est un présent pour la personne, soit en argent ou autrement.

TROISIÈME EXPLICATION DES TROIS TAS.

Le tas choisi par la personne se trouvant le huit de trèfle, le sept de carreau, l'as de cœur, le dix de carreau et le sept de trèfle, signifie gain et proposition de campagne.

Le tas pour la maison se trouvant le valet de carreau, l'as de carreau, le sept et le huit de cœur, cela signifie un militaire qui apporte une nouvelle de profit pour la personne.

Le tas pour ce que l'on n'attend pas, étant le neuf de cœur, le neuf de carreau, le roi de cœur *renversé*, l'as de trèfle et la dame de pique, signifie une femme qui est chagrine, un homme qui part en campagne et qui a fait une grande perte. La carte de surprise étant le neuf de trèfle, c'est de l'argent pour la personne, mais inattendu.

MANIÈRE DE TIRER LES CARTES PAR VINGT ET UNE.

Pour tirer les cartes par vingt et une, il faut battre les trente-deux cartes, faire couper la personne; lorsque la personne a coupé, vous remêlez vos cartes, vous en retirez onze; vous rebattez les vingt et une et vous faites recouper la personne; lorsqu'elle a recoupé, vous mettez la première carte à part, qui est la carte de surprise, et si, dans les autres cartes, se trouvent la dame de trèfle, le huit de carreau, la dame de carreau, le huit de pique, le huit de trèfle, le dix de pique, le valet de trèfle, le valet de cœur, le sept de cœur, le valet de pique, le neuf de carreau, la dame de cœur, le huit de cœur, le roi de carreau, sept de carreau, neuf de pique, as de pique, sept de trèfle, roi de trèfle et le valet de carreau, ces vingt cartes signifient grand mariage, emprisonnement d'un jeune homme à l'égard d'une blonde, perte pour un homme de campagne. La carte de surprise se trouvant être l'as de carreau, c'est surprise d'une lettre pour la personne. Voilà la première solution des vingt et une cartes.

Vous reprenez vos cartes, vous les rebattez par trois fois, en faisant trois tas.

EXEMPLE.

Si dans le tas que la personne a choisi pour elle se trouvent le dix de pique, le sept de trèfle, l'as de carreau, le huit de cœur, le valet de pique et le huit de pique, cela signifie : un homme qui tombera malade, et perte d'argent.

Ce tas doit être de six cartes.

Si dans le tas pour la maison se trouvent le roi de trèfle, l'as de pique, le sept de carreau, le valet de trèfle, la dame de carreau, l'as de cœur et le valet de carreau, c'est un homme qui a proposé le mariage à une demoiselle; mais il y a jalousie, et rival.

Ce tas doit être de sept cartes.

Si dans le tas, pour ce que l'on n'attend pas, se trouvent le dix de carreau, le neuf de pique, la dame de trèfle, le roi de carreau, le neuf de carreau, le sept de cœur et le valet de cœur, c'est séparation d'amitié. La carte de surprise étant le huit de cœur, c'est campagne.

Ce tas doit être de sept cartes, sans y comprendre la carte de surprise.

SECONDE SOLUTION DES TROIS TAS.

Après avoir rabattu les cartes, s'il se trouve dans le tas choisi le huit de trèfle, l'as de pique, le valet de cœur, la dame de cœur, et le neuf de carreau, cela signifie qu'il se fera un mariage; mais il y aura un empêchement par un jeune homme.

Dans le tas pour la maison, s'il se trouve le neuf de pique, le sept de cœur, le roi de trèfle, le dix de carreau, et le roi de carreau, cela signifie grande dispute à l'égard d'une femme blonde; elle aura beaucoup de chagrin.

Dans le tas pour ce que l'on n'attend pas, s'il se trouve l'as de carreau, le sept de carreau, le huit de pique, le huit de cœur, l'as de cœur, le huit de carreau et la dame de trèfle, cela signifie changement de domicile et grande réussite. La dame de carreau étant la carte de surprise, c'est une femme de laquelle il faut se méfier et qui vous trahit.

Dans le tas que la personne a choisi, s'il se trouve le valet de pique, le huit de cœur, l'as de carreau et l'as de pique, cela signifie grand profit, suivi d'une lettre de campagne.

Dans le tas pour la maison, s'il se trouve la dame de carreau, le neuf de pique, le huit de pique, le roi de carreau, le dix de pique, la dame de cœur et le sept de cœur, cela signifie jalousie de femme de la part d'un homme, et une femme en sera malade.

Dans le tas pour ce que l'on n'attend pas, s'il se trouve le huit de carreau, le valet de cœur, sept de carreau, valet de trèfle, l'as de cœur et le huit de trèfle, cela signifie bataille d'hommes pour de l'argent. La carte de surprise étant la dame de pique, c'est profit pour une femme. Voilà la manière de tirer les cartes par vingt et une; mais il faut observer que le premier tas doit toujours être de six cartes, et les deux autres de sept cartes.

Comme il ne serait pas possible de donner des solutions à chaque changement de cartes, il ne s'agit donc, pour être son seul oracle et celui des autres, que de bien imprimer en soi-même la signification des trente-deux cartes, selon l'explication donnée, et de bien observer la manière qui est dépeinte pour les tirer par sept, par quinze et vingt et une ou tout autrement, et l'on pourra, sans se fatiguer l'esprit, être à portée de se procurer cet amusement sans avoir recours à aucun oracle vivant.

Il me reste à vous expliquer la signification des quatre rois, des quatre dames, des quatre valets et des quatre dix.

Lorsqu'il se trouve, en tirant les cartes, dans le jeu de la personne pour qui on les fait, les quatre as avec les quatre dix, c'est grand profit, grand gain pour la personne, soit de loterie, soit d'héritage; les quatre rois, grande réussite; les quatre dames signifient grand caquet contre la personne; les quatre valets signifient dispute d'hommes et bataille.

Il faut observer, en tirant les cartes par quinze ou par vingt et une que, si la majeure partie se trouve en cartes blanches, c'est grande réussite pour la personne; s'il se trouvait les cinq basses cartes de pique, c'est que la personne apprendrait du froid de quelqu'un de ses parents ou de ses amis; s'il se trouvait les cinq basses cartes de trèfle, ce serait gain de procès ou tout autre; s'il se trouvait les cinq basses cartes de carreau et de cœur, ce serait de bonnes nouvelles de campagne et de personnes de tout cœur qui s'intéresseraient pour que la personne pour qui on les fait soit homme de bien.

Si c'est une jalousie bien fondée, il se trouvera dans les quinze cartes sept carreaux, et si cette jalousie est mal fondée, il s'y trouvera cinq cœurs avec le sept de trèfle.

Si c'est une entreprise de tel genre qu'elle puisse être, il faut les quatre as et le neuf de cœur pour la réussite; si le neuf de pique se trouve devant la personne, elle ne réussira pas.

Si c'est pour quelque jeu de hasard, il faut, dans le coup de vingt et une, les huit trèfles, les quatre as et les quatre rois pour gagner.

Si on veut savoir si un enfant se portera au bien, et s'il conservera son patrimoine, les quatre as forment assurance de bien et une alliance proportionnée à ses sentiments; si c'est une demoiselle, il faut les quatre huit et le roi de cœur qui nous présage la paix, la concorde dans son ménage.

Pour savoir combien de retard les personnes auront pour leur mariage, soit par années, soit par mois, soit par semaine : si c'est par années, le roi de pique se trouvera avec la dame de cœur, l'as de pique et le huit de carreau; chaque autre huit sera autant d'années de retard; chaque neuf sera autant de mois; chaque sept sera autant de semaines.

Pour savoir si un homme parviendra dans l'art militaire, les quatre rois doivent se trouver avec les quatre dix; et si par hasard les quatre as s'y trouvaient, alors il doit parvenir au plus haut grade, selon sa capacité.

Pour un changement de bien ou un changement de place, de tel état que soit la personne, maître, maîtresse ou domestique; si c'est un maître ou maîtresse, il faut quatre valets, le dix et le huit de carreau, le dix de trèfle, pour la réussite de ses affaires; s'il s'y trouve le neuf de carreau, c'est un retard. Si c'est un domestique, il faut le dix et le sept de carreau, le huit de pique et les quatre dames, pour la réussite de ses affaires.

MANIÈRE DE VOIR UNE RÉUSSITE.

Vous prenez le jeu en entier, battez et faites couper; vous faites huit paquets en mettant chaque carte l'une sur l'autre. Quand vos huit tas sont faits, vous relevez la première carte de chacun des tas, et quand vous trouvez deux cartes pareilles, vous les ôtez et relevez celle qui suit, et ainsi jusqu'à la fin; si toutes les cartes sortent, c'est *réussite;* autrement cela désigne contrariété.

CHAPITRE VI

EXPLICATION

De la valeur de chaque carte, tant seule que suivant sa position à côté des autres, d'après un moderne cartomancien.

LES HUIT CARREAUX.

Roi. — Militaire ; *à l'inverse*, homme de campagne.

Dame. — Femme traîtresse ; *à l'inverse*, femme de campagne.

Valet. — Traître ; *à l'inverse*, domestique.

As. — Grande nouvelle ; *à l'inverse*, lettre, billet.

Dix. — Campagne sûre ; *à l'inverse*, retard. — *Nota*. Si cette carte est à côté du sept de pique, c'est retard assuré : si elle est à côté du huit de cœur, c'est voyage sûr ; si elle est à côté du huit de trèfle, c'est voyage d'amour.

Neuf. — Route, voyage ; *à l'inverse*, retard. — *Nota*. Si cette carte est à côté du sept de pique, c'est retard assuré ; si elle est à côté du huit de cœur, c'est voyage sûr ; si elle est à côté du huit de trèfle, c'est voyage d'amour.

Huit. — Démarche ; *à l'inverse*, de même. — *Nota*. Si cette carte est accompagnée du huit de cœur, c'est grandes démarches ; si elle est accompagnée du huit de pique, c'est maladie ; si elle est à côté du huit de trèfle, c'est grand amour ; si elle est à côté du huit de cœur, c'est démarche de tout cœur.

Sept. — Querelle ; *à l'inverse*, caquets. — *Nota*.

Si cette carte est à côté de la dame de carreau, c'est
grande querelle; si elle est à côté de la dame de
trèfle, c'est incertitude; si elle est à côté de la dame
de cœur, c'est bonne nouvelle.

LES HUIT CŒURS.

Roi. — Homme d'affaires blond; *à l'inverse*,
homme de tout cœur.

Dame. — Bonne femme blonde; *à l'inverse*, bonne
femme.

Valet. — Jeune homme blond; *à l'inverse*, pen-
sées de l'homme blond.

As. — Maison de bon cœur; *à l'inverse*, maison de
faux cœur.

Dix. — Repas de tout cœur; *à l'inverse*, repas de
faux cœur.

Neuf. — Victoire ou présent; *à l'inverse*, grande
victoire.

Huit. — Fille blonde; *à l'inverse*, grande joie.

Sept. — Enfant blond; *à l'inverse*, enfant.

LES HUIT PIQUES.

Roi. — Homme de robe; *à l'inverse*, homme méchant.

Dame. — Femme veuve; *à l'inverse*, femme mé-
chante.

Valet. — Traître; *à l'inverse*, maladie.

As. — Procès, grossesse; *à l'inverse*, lettre, ba-
gatelle.

DIX. — Ennui ; *à l'inverse*, pleurs.

NEUF. — Mort; *à l'inverse*, prison.

HUIT. — Chagrin violent; *à l'inverse*, inquiétude.

SEPT. — Fille brune ; *à l'inverse*, caquets.

LES HUIT TRÈFLES.

ROI. — Homme brun, fidélité; *à l'inverse*, maladies d'hommes.

DAME. — Femme d'amour; *à l'inverse*, femme jalouse.

VALET. — Homme fidèle ; *à l'inverse*, indécision.

AS. — Argent; *à l'inverse*, amour.

DIX. — Fortune; *à l'inverse*, amour.

NEUF. — Argent; *à l'inverse*, roue de fortune.

HUIT. — Déclaration d'amour; *à l'inverse*, jalousie.

SEPT. — Enfant brun ; *à l'inverse*, bâtard.

L'as de trèfle précédé du dix de trèfle veut dire *grand argent;* si le huit de trèfle suit immédiatement après et se trouve accompagné d'un roi, quel qu'il soit, ou d'une dame, cela veut dire *déclaration d'amour.*

Neuf de carreau, as et dix de carreau signifient *grande nouvelle de campagne;* et si ces trois cartes sont acompagnées d'une figure quelconque, c'est un *voyage sûr* pour la personne représentée par la carte.

Huit et sept de carreau, accompagnés d'une dame ou d'une figure, c'est *caquets* de la part de la personne représentée par la carte.

Roi, dame, valet et as, n'importe de quelle couleur, pourvu que ces cartes soient toutes de même sorte, signifient *mariage sûr;* si la dame de pique se trouve avec ces dites cartes, ou le valet de carreau, cela signifie *empêchement au mariage,* ou *grande trahison;* si au contraire le huit de cœur suit avec le huit de trèfle, *grande réussite;* si le huit de pique s'y trouve, cela signifie *peine chagrin* et *désagréments.*

FIN.

TABLE

CATALOGUE

> Les ouvrages portés au présent catalogue seront envoyés par la poste, les demandes doivent en être faites par lettres *affranchies* et contenir le montant en timbres de 25 centimes, ou en un mandat sur la poste. Il faut ajouter 15 centimes par franc pour l'affranchissement.
>
> Pour les envois par chemin de fer, envoyer seulement le prix des livres demandés ; le port sera payé par l'acquéreur à la réception. Il n'est point fait d'envoi en remboursement.

MAGIE BLANCHE

LE MAGICIEN DES SALONS, ou le Diable couleur de rose. Recueil nouveau de tours d'escamotage, de physique amusante, de chimie récréative, tours de cartes, etc. Nouvelle édition, illustrée d'un grand nombre de figures sur bois gravées avec le plus grand soin. Un beau vol. in-12, avec 200 figures. 3 fr. 50

LES MILLE ET UN AMUSEMENTS DE SOCIÉTÉ. Recueil de tours d'adresse ou d'escamotage, de subtilités ingénieuses, de récréations mathématiques, d'expériences tirées de la physique, de tours de cartes, etc. : ouvrage orné de 130 gravures pour l'intelligence du texte, dédié aux personnes qui veulent s'amuser et divertir les autres à peu de frais. Gros vol. in-18. 2 fr

LES MILLE ET UN TOURS DE PHYSIQUE AMUSANTE DÉVOILÉS, pour faire suite aux Mille et un Amusements de Société publiés par BLISMON (de Douai). Édition ornée de gravures. 2 fr.

SONGES

LA CLEF DES SONGES, ou explication des songes, rêves, visions, par Mlle LEMARCHAND, auteur du *Grand jeu de l'oracle des dames*, etc. Un joli volume imprimé avec le plus grand luxe, nombreuses vignettes, papier superfin glacé, jolie couverture. 3 fr. 00

LA PRESCIENCE, ou grande interprétation des songes, des rêves et des visions. Traité curieux extrait de tous les ouvrages des auteurs anciens et modernes qui se sont adonnés à l'étude et à l'explication des sciences occultes. Un très-joli volume in-12. 3 fr. 50

LE GRAND TRAITÉ DES SONGES, ou explication complète, claire et facile des rêves, visions, apparitions, oracles et inspirations nocturnes, tiré des traditions de JOSEPH, DANIEL, APOMAZOR, ARTÉMIDOR et autres savants *Grecs, Égyptiens, Arabes* et *Persans.* 50 gravures.

1 fr. 25

PROPHÉTIES

LES PROPHÉTIES DE MICHEL NOSTRADAMUS, dont il y a trois cents qui n'ont encore jamais été imprimées, ajoutées de nouveau par ledit auteur. Édition augmentée des prophéties et révélations de sainte BRIGITTE, saint CYRILLE, etc., et à laquelle on a joint : *Les prophéties de Thomas Joseph Moult.* Un magnifique volume imprimé avec luxe. 3 fr. 50

CARTOMANCIE

LA VÉRITABLE CARTOMANCIE expliquée par la célèbre sibylle française. Nouvelle édition ornée de 1750 figures. Un joli volume format in-16, broché. 6 fr.

LE GRAND ETTEILLA, ou art de tirer les cartes, contenant : 1° Une introduction rappelant l'origine des cartes ; 2° l'indication des tarots qui composent le véritable livre de THOT ; 3° une méthode au moyen de laquelle on peut apprendre soi-même sa destinée, etc., par Julia ORSINI. In-12, 78 figures. 5 fr.

LE GRAND JEU des 78 tarots égyptiens, ou livres de Thot, 78 cartes dans un étui. 6 fr.

LE GRAND JEU DE L'ORACLE DES DAMES. 78 cartes-tarots imprimés en chromo-lithographie, à l'imitation des miniatures du XVe siècle, renfermées dans un étui et accompagnées d'un livret explicatif, par Mlle LEMARCHAND. 10 fr.

L'ORACLE PARFAIT, ou le passe-temps des dames. *Art de tirer les cartes,* avec explication claire et facile de toutes les cartes du jeu de piquet, leur interprétation et signification, d'après ETTEILLA et Mlle LENORMAND. Joli volume, impression de luxe, papier superfin glacé. 3 fr.

ORACLES

LE GRAND ORACLE DES DAMES ET DES DEMOISELLES, conseiller du beau sexe, répondant à toutes les questions sur les événements et situations diverses de la vie. Nouvelle édition, revue, corrigée et augmentée d'après les manuscrits des savants : LAVATER, ETTEILLA, Julia ORSINI, etc, par Mlle LEMARCHAND. Un beau volume imprimé avec soin. Couverture en rouge et noir. 2 fr.

L'ORACLE DES DAMES et des demoiselles, conseiller du beau sexe, répondant etc., par OLIVARIUS.   1 fr.

LE PETIT ORACLE DES AMANTS, ou les horoscopes de l'amour. La plupart mise en rebus. Douze à quinze cents petites figures.   1 fr.

JEUX

MANUEL DU JEU DE BILLARD, par Désiré LEMAIRE. Magnifique volume in-8, 42 planches en couleur, papier superfin glacé, impression de luxe.   5 fr.

ACADÉMIE DES JEUX, contenant la règle des jeux de calculs et de-hasard, et généralement tous les jeux connus, anciens et nouveaux, jeux de famille, des cercles, des eaux, etc., et mis en ordre par BONNEVEINE. Un volume format anglais, nombreuses vignettes, papier superfin glacé, caractères neufs.   3 fr. 50

TRAITÉ DU JEU DE DAMES, par MANOURY. Édition augmentée de nombreuses figures pour faciliter l'intelligence du texte. Joli volume, impression de luxe.   1 fr.

TRAITÉ ILLUSTRÉ DU JEU DE PIQUET, contenant les principes et les règles du jeu de piquet, par ROBERT. Un joli volume.   1 fr.

TRAITÉ ÉLÉMENTAIRE DU JEU DE WHIST, contenant les principes de ce jeu, les règles qui lui sont propres, ainsi que les combinaisons les plus utiles pour apprendre en peu de temps à y jouer dans toute la perfection possible, par BERNARD. Un volume, papier glacé.   1 fr.

TRAITÉ DU JEU DE TRICTRAC. Nouvelle édition augmentée du jeu du *Jacquet*, par RICHARD. Un joli volume, nombreuses figures.   1 fr.

LEÇONS ÉLÉMENTAIRES SUR LE JEU DES ÉCHECS, par M. l'abbé VÉTU. 2 vol., 125 planches en couleur.   6 fr.

ANALYSE DU JEU DES ÉCHECS, par PHILIDOR. Nouvelle édition, illustrée de 50 planches, coups difficiles, fins de partie, etc.   3 fr. 50

MANUEL DE L'AMATEUR DU JEU DES ÉCHECS, avec un poëme par Ceruti, une notice par Jaucourt, les règles, etc., par STEIN. 1 volume. 34 figures.   5 fr.

TRAITÉ THÉORIQUE ET PRATIQUE DU JEU DES ÉCHECS, par UNE SOCIÉTÉ D'AMATEURS. 3ᵉ édition.   4 fr. 50

LE JEU DES ÉCHECS, par Gioachino GRECO, *dit le Calabrais*. Nouvelle édition, imprimée avec le plus grand soin.   3 fr. 50

LE JEU DES ÉCHECS, selon la méthode de Philippe STAMMA. In-12 103 planches.   5 fr

NOUVEAU TRAITÉ DU JEU DES ÉCHECS, par DE LA BOURDONNAIS. 1 volume in-8, 60 planches.   25 fr.
    Cet ouvrage est épuisé depuis longtemps.

LIVRE POUR APPRENDRE A JOUER AU JEU DES ÉCHECS, par DAMIANO, traduction nouvelle par C. Sanson. 90 figures, fins de partie, 1 beau vol. 1 fr. 50

LA RÈGLE, la marche, termes explicatifs, conseils et fins de parties du jeu des échecs, par PHILIDOR, recueillies par Bonneveine. In-12 illustré. Broché. 1 fr.

LA RÈGLE du jeu des échecs, in-12. » 50

●

CHANSONS

LA FLEUR DES CHANSONS FRANÇAISES, choix de chansons comiques, romances, chansounettes, rondes, vaudevilles, contes et fables en chansons, etc., etc. Beau volume petit in-8, illustré de 100 magnifiques vignettes par les premiers artistes, broché. 3 fr. 50
Relié dos chagrin, tranches dorées. 5 fr.

RECUEIL DES PLUS JOLIES CHANSONS, romances, chansonnettes des auteurs anciens et modernes. Un joli volume in-32. 1 fr.

CHANSONS CHOISIES DE PIRON, Collé, Gallet, Favart, Latteignant, Grécourt, Sedaine, Panard, etc., etc. Un joli volume in-32. 1 fr.

ALBUM POÉTIQUE, ou choix de romances et de chansons des auteurs les plus anciens ; recueillies par J.-P. Charrin, membre de plusieurs Académies, convive fondateur des *Soupers de Momus*. Paris, imprimerie *Jules Didot*. Un beau volume in-18, papier superfin satiné. 2 fr. 50

ALBUM MUSICAL, 48 chansons, romances, etc., avec les airs gravés. Jolies vignettes. Terminé par un souvenir où sont représentées les plus jolies femmes de France : Lavallière, Montespan, Ninon de Lenclos, etc. Un joli volume gravé entièrement, cartonnage Bradel, au lieu de 6 fr. 3 fr.

L'AMI DE LA FAMILLE, couplets pour fêtes, naissances, anniversaires, etc. Un joli volume in-32. 1 fr.

CHANSONS DE NOCES (Recueil de). Couplets et chansonnettes à l'occasion des mariages, baptêmes, anniversaires, etc. Un joli volume in-32. . 1 fr.

LE CHANSONNIER GALANT, ou la lyre française. Un fort beau volume in-18. 2 fr.

LES FLEURS DU PARNASSE. Almanach lyrique des dames. Joli volume avec vignettes. 2 fr.

ESPRIT ANACRÉONTIQUE DES POETES FRANÇAIS. Recueil très-complet de chansons, par les auteurs les plus célèbres, anciens et modernes. 1 volume, papier vergé. 2 fr.

LE CHANSONNIER FRANÇAIS, contenant un choix des plus jolies chansons des auteurs du bon vieux temps : Piron, Collé, Gallet, Dorat, l'Atteignant, Panard, et . Un volume in 18. » 50

JARDINAGE

MANUEL THÉORIQUE ET PRATIQUE DU JARDINIER, contenant les connaissances élémentaires de la culture ; l'organisation des plantes, leur fécondation et leur multiplication ; les époques de semis, la taille des arbres, la description et la culture des plantes potagères, aromatiques et économiques ; des arbres fruitiers, arbres, arbrisseaux et arbustes d'ornements ; les plantes d'ornement, plantes d'orangerie, de serre chaude et tempérée ; suivi d'un Dictionnaire des termes de jardinage et de botanique, d'une table analytique des matières, par PIROLLE. Nouvelle édition, revue et augmentée par MM. Noisette et Boitard, chevaliers de la Légion d'honneur, membres de plusieurs sociétés savantes. Illustré de 150 vignettes par Thiébault. Un gros volume in-12 de 672 pages, broché.   5 fr.

MANUEL ILLUSTRÉ DU JARDINIER FLEURISTE, par Victor BRÉANT et BOITARD. Gros volume in-18 grand raisin, nombreuses gravures coloriées représentant les fleurs les plus recherchées pour l'ornement des jardins.   5 fr.

Ce volume traite spécialement de la culture des fleurs et arbustes d'ornement.

MANUEL DU JARDINIER, contenant tout ce qui concerne la culture des jardins potagers, fruitiers et fleuristes, la taille des arbres, etc., par Vincent LUCAS. 50 gravures. Un joli volume in-12.   3 fr.

FLEURS ARTIFICIELLES

ART DE CONFECTIONNER LES FLEURS ARTIFICIELLES. Édition dédiée aux dames par M⁻ᵉ B***. Un volume format in-18, orné d'un grand nombre de gravures.   3 fr. 50

L'IMITATION DES FLEURS rendue facile, par le même auteur. Un volume, nouvelle édition avec figures.   2 fr.

Ce volume traite des roses à la minute, fleurs en papier, petits ouvrages en fleurs, etc., etc.

CUISINE

MANUEL COMPLET DE LA CUISINIÈRE contenant : un Guide pour les personnes en service, les soins du ménage, des appartements, de la vaisselle, du linge, etc.. etc., le service de la table suivant le nombre des convives, la carte des mets et des vins de chaque service, la manière de découper ; mille recettes gastronomiques, ou résumé général des cuisines française, italienne et anglaise ; la pâtisserie, les confitures de différentes espèces. les liqueurs, sirops, glaces, limonades, eau de Seltz, etc., par Mlle CATHERINE. 59ᵉ édition. Un gros volume in-12, avec un grand nombre de figures.   3 fr.

CORRESPONDANCE

LE SECRÉTAIRE GÉNÉRAL, contenant des modèles de pétitions à adres-
ses aux ministres, aux préfets, avec des instructions relatives à tous les
usages de la correspondance ; lettres de fête, de bonne année, de condo-
léance, de recommandation, de félicitation, de remercîments ; lettres
d'affaires et de commerce, modèles de lettres de change, billets à ordre,
effets, promesses, obligations, quittances de loyer, lettres de voiture, billets
d'invitation, lettres d'amour, déclarations, demandes en mariage, instructions relatives aux correspondances nuptiales ; lettres de faire part, de
naissance, de mariage et de décès. Suivi de lettres de Mme de Sévigné,
Voltaire, Rousseau, etc., etc. Ouvrage rédigé et mis en ordre par PRU-
DHOMME. 60e édition, suivant le cérémonial français. Un beau vol. in-12,
avec un tableau colorié.   3 fr.

AFFAIRES

GUIDE EN AFFAIRES, ou la loi mise à la portée de tout le monde par
PRUDHOMME, contenant : un traité de l'application des lois, droits civils,
décès, actes de l'état civil. Naissance, mariage, contrat de mariage,
publications, dispenses, opposition, droits et devoirs des époux, filiation
légitime, régime de la communauté, conventions matrimoniales, régime
dotal, biens paraphernaux, séparation de biens, séparation de corps.
Tutelle, adoption, absence, majorité, interdiction, conseil judiciaire, domicile. Des biens, de la propriété, nue propriété, usage et habitation, servi-
tudes, comment on acquiert la propriété. Obligations, de l'effet des
contrats et obligations. Vente, vente à réméré, licitation, échange,
louage, voituriers et maître de bateaux, devis, marchés, cheptel, société,
du prêt, rentes, dépôt, contrats aléatoires, mandat, cautionnement, transaction, nantissement, priviléges et hypothèques, expropriation, prescrip-
tions, successions, donations, testaments. Un fort vol. in-12, papier fin
glacé, cartonnage solide.   3 fr. 50

**FORMULAIRE GÉNÉRAL DE TOUS LES ACTES, SOUS SEING
PRIVÉ**, que l'on peut faire soi-même, tels que : arbitrages, alignement,
contrat d'apprentissage, arrêté de compte, atermoiement, bail, bilan,
billets, bornage, caution, certificat, cession de biens, compromis, congé,
contre-lettre, convention, décharge, dépôt, désistement, devis, demande
de dispenses, échange, états de lieux, expertise, gage, mandat, mitoyen-
neté (actes concernant la), partage, pension alimentaire, plainte, quittance,
société, testament, transaction, transport, tutelle, vente ; avec une instruc-
tion spéciale à chacune des affaires auxquelles se rapportent les actes
par PRUDHOMME. Un beau vol. in-12.   3 fr.

COMPTES FAITS OU NOUVEAU BARÊME, contenant : 1° comptes faits calculés depuis un centime jusqu'à dix mille francs ; 2° un traité élémentaire d'arithmétique ; 3° le système métrique expliqué, cubage, arpentage, etc. ; 4° la tenue des livres, des tableaux de comptes d'intérêts, depuis 3 jusqu'à 10 pour 100, mis en ordre par PRUDHOMME. Un beau volume.

2 fr. 50

BIBLIOTHÈQUE CHOISIE POUR LA JEUNESSE

Éditions splendidement illustrées

FABLES DE J. DE LA FONTAINE, format anglais. 2 vol. illustrées d'environ 100 vignettes, par Pauquet, papier superfin glacé, impression de luxe. Prix, broché, les 2 vol. réunis. 3 fr. 50
Toutes les figures coloriées. 7 fr.

LES FABLES DE FLORIAN, format anglais. 1 vol. illustré d'environ 50 vignettes, par Pauquet. 2 fr. 50
Toutes les vignettes coloriées. 4 fr.

LES CONTES DE PERRAULT, même format. 1 vol. illustré d'environ 50 vignettes par Henri Émy. 2 fr. 50
Toutes les figures coloriées. 4 fr.

LE MAGASIN DES ENFANTS, par Mme LEPRINCE DE BEAUMONT. 1 gros vol., format anglais, 120 vignettes, par Télory, papier glacé. Broché. Couverture illustrée. 3 fr. 50
Relié. 5 fr.

PAUL ET VIRGINIE, par BERNARDIN DE SAINT-PIERRE. 1 beau vol., format anglais, vignettes par les premiers artistes, impression de luxe. Broché. 3 fr. 50

LE VICAIRE DE WAKEFIELD, traduit de l'anglais. 1 vol. petit in-8, vignettes anglaises. Broché. 3 fr. 50
Relié. 5 fr.

VOYAGES DE GULLIVER, format anglais. 1 vol. illustré d'environ 150 vignettes, par H. Émy, papier superfin glacé, impression de luxe, broché. 3 fr. 50
Relié. 5 fr.

CONTES CHOISIS de Mme LEPRINCE DE BEAUMONT, format anglais. 1 vol illustré. 2 fr. 50
Relié. 4 fr.

CONTES de Mme D'AULNOY, format anglais. 50 vignettes, papier glacé, broché. 2 fr. 50
Relié. 4 fr.

DON QUICHOTTE DE LA MANCHE, traduction nouvelle par Rémond.

128 vignettes par Télory. 2 beaux volumes format anglais, papier fin glacé, broché.   4 fr.

Jolie reliure, en un volume.   5 fr. 50

HISTOIRE DE FRANCE, par Jules ROSTAING. Un très-gros volume illustré de 75 portraits gravés avec le plus grand soin.   3 fr. 50

Jolie reliure.   5 fr.

ALBUMS

LES CONTES DE PERRAULT. Un splendide volume in-4, encadrements en couleur, nombreuses illustrations, papier satiné.   3 fr.

LE PREMIER LIVRE DE MON FILS, entièrement colorié.   1 fr.

LE PREMIER LIVRE DE MA FILLE. Même type.   1 fr.

Albums assortis in-4 et in-8 ; alphabets se dépliant ; petits livres de lecture.

PETITE BIBLIOTHÈQUE OMNIBUS

Chaque volum : 1 franc

Recueil de Contes à rire.
Recueil des plus jolies chansons françaises.
Académie des Jeux.
Recueils de Calembours.
Chansons choisies de Piron.
La Malice des Femmes.
Recueil de Charades.
Trésor des bons mots.
Recueil de Proverbes.
Recueil de Caquets.
Poésies joviales.
Fables de Florian.
Trésor de Curiosités.

Éloge de l'Ivresse.
Facéties et Naïvetés épistolaires.
Anecdotes de Jurisprudence.
Bons Mots sur la Gastronomie.
Variétés littéraires.
Trésor des Singularités.
Anecdotes comiques.
Histoires amusantes, scandaleuses.
Trésor de Gasconnades.
Anecdotes sur le Tabac (Tabaciana).
Énigmes et Charades.
Trésor des Arlequinades.
Manon Lescault.
Chansons de noces.

Adresser les demandes par lettres affranchies à M. Delarue, libraire-éditeur, rue des Grands-Augustins, n° 3, à Paris.